novum pocket

Cathy Hase

Auf der Straße mit einem Afghanen

Obdachlos

novum pocket

Bibliografische Information
der Deutschen Nationalbibliothek:

Die Deutsche Nationalbibliothek
verzeichnet diese Publikation in der
Deutschen Nationalbibliografie.
Detaillierte bibliografische Daten
sind im Internet über
http://www.d-nb.de abrufbar.

Alle Rechte der Verbreitung, auch
durch Film, Funk und Fernsehen, fotomechanische Wiedergabe, Tonträger, elektronische
Datenträger und auszugsweisen
Nachdruck, sind vorbehalten.

Gedruckt in der Europäischen Union
auf umweltfreundlichem, chlor- und
säurefrei gebleichtem Papier.

© 2025 novum publishing gmbh
Rathausgasse 73, A-7311 Neckenmarkt
office@novumverlag.com

ISBN 978-3-903468-98-6
Umschlagfoto: Doris Anken
Umschlaggestaltung, Layout & Satz:
novum Verlag
Innenabbildungen: Cathy Hase, Waldfee

Die von der Autorin zur Verfügung
gestellten Abbildungen wurden in der
bestmöglichen Qualität gedruckt.

www.novumverlag.com

Ich erinnere mich noch genau an die Zeit.

Damals war ich 18 Jahre alt und lebte noch bei meinen Eltern, mit denen ich nie besonders verstanden habe. In der heutigen Zeit wäre so etwas nicht mehr machbar, aber 1974 in dieser Zeit war es noch drin so zu überleben.

Ich war arbeitslos, hatte ständig Ärger mit der Mutter, faste den Entschluss mir einen zweiten Hund anzuschaffen.

Ich hatte einen, der war schon 10 Jahre alt, ein Mittelschnauzerrüde und wollte einen Afghanischen Windhund dazu.

Kein Pfennig Geld, habe ich eine Zucht gefunden die 11 junge Afghanische Windhunde hatte. Ein Welpe hatte mehrere weiße Flecken auf Schnauze Brust und Pfote hatte. Ich habe mich sofort in die Kleine verliebt. Sie war die Kleinste vom ganzen 11. Wurf. Sie ist gleich auf meinem Schoß eingeschlafen.

1200 € sollte sie kosten. Wie kann ich bloß das Geld aufbringen?

Die Züchterin meinte, du kannst von ihr träumen.

Arbeitslos kein Geld und unbedingt der Hund. Irgendwann rief mich Frau Arnken, die Züchterin, an und meinte der Zuchtwart hat einen Gebissfehler festgestellt, ich könnte den Hund für 650 € haben.

Ich sagte zu, obwohl ich noch nicht wusste, wie ich das Geld aufbringen kann?

Irgendwie ist es mir doch gelungen mit Möbelverkauf.

Meine Mutter hat mir genehmigt sie im Keller zu halten. Das habe ich auch getan, sie musste 4 mal am Tag Futter bekommen wie jeder Hundewelpe.

Mein erster Hund war sehr eifersüchtig, er war schon 10 Jahre alt.

Bis ich mit beiden Hunden Chico und Hazel spazieren gehen konnte, dauerte einige Zeit. Ich habe mich um den älteren Hund immer zuerst kümmern müssen. Die Jüngere hat den älteren Hund alles abgeschaut. Nur Spielen wollte er nicht mehr, aber erzogen hat er Hazel.

Habe ich, steh Chico gesagt, ist Hazel auch stehengeblieben. Sie hat sich immer nach Chico gerichtet dem Leithund. Sie ist erst zu einem Hund hingegangen, wenn er zuerst hin ist.

Mit meiner Mutter gab es immer wieder Ärger, deshalb habe ich mich viel mit Hazel bei meinem Freund aufgehalten. Seine Mutter war immer nett, meine hat ständig herumgeschrien.

Damit ich vor meiner Mutter Ruhe hatte, bin ich auch in die WG, wo meine Schwester mit Ihrem Freund und zwei Hunden gewohnt hat gegangen.

Hazel hatte meine Schwester Sylvia Ihre Mischlingshündin Sara zum Spielen.

Sie war in Hazels Alter die andere Hündin von Uwe war schon zwei Jahre alt.

Dort war ich öfter wegen dem Geschrei meiner ständig unzufriedenen Mutter.

Ich wollte immer von meinen Eltern weg aber ohne Unterstützung.

Es gab immer wieder Streit, bis meine Mutter mich rausgeschmissen hat.

Ich habe eine Tasche gepackt und eine Umhängetasche und das erste Mal von meiner Mutter Geld geklaut.

Dann bin ich mit Hazel quer durch den Wald abgehauen, Richtung Kandel.

Irgendwo habe ich mich an die Straße gestellt und getrampt.

Es dauerte nicht lange dann hielt ein Auto. Eine junge Frau saß drin, sie meinte, dass man da nicht trampen darf. Sie hätte bloß wegen Hazel gehalten.

Erst hat sie mich zum Essen eingeladen, dann wollte sie wissen, warum ich an der Straße stehe. Ich habe ihr von meiner Mutter erzählt, die mich in die Psychiatrie einweisen will, weil sie spinnt. Außerdem hat sie mir mit Polizei gedroht. Weil ich über 18 war, konnte sie nichts machen. Wir haben uns lange unterhalten und wir konnten bei ihr übernachten. Den nächsten Tag wollte sie wissen, wohin ich will, habe geantwortet weit weg. Sie meinte Ihr Freund könnte uns Hazel und mich mit nach Mannheim nehmen.

Im Auto habe ich mich eine ganze Zeit mit ihm unterhalten, er war geschäftlich unterwegs. Er hat vorgeschlagen mich an einer Parkanlage rauszulassen, weil ich dort bestimmt Leute finde, mit denen ich weiterkomme.

Ich hatte auch ganz schön zu schleppen mit zwei Taschen. Deshalb habe ich mich bald hingesetzt. Es liefen viele Leute vorbei, mit Hunden. Meine Hazel hatte ich immer angeleint, weil sie nicht besonders hört, wenn sie gerufen wird.

Irgendwann hat mich ein junger Mann mit einem Schäferhund angesprochen.

Was ich hier mache mit Taschen auf einer Parkbank. Ich habe ihm gesagt, dass ich keine Wohnung habe. Er hat mir erzählt, er würde in einer Wirtschaft arbeiten und wollte eine WG machen, und hätte noch leerstehende

Zimmer. Wir liefen ein bisschen spazieren. Warum leinst du deinen Hund nicht ab?

Ich habe gesagt, dass Hazel nicht besonders hört. Er meinte, den kannst du ruhig ableinen, mein Schäferhund hat früher als Hühnerhund gearbeitet.

Er würde sie zurückholen, weil Hazel erst acht Monate war, hat das tatsächlich geklappt. Sie war schon ausgewachsen, aber ein Afgane ist erst mit 2 Jahren erwachsen. Außerdem hatte ihre Mutter eine Woche im Winter bei Schnee und Eis überlebt, ohne abzunehmen. Dann ist sie eingefangen worden, hat mir Frau Arnken die Züchterin erzählt. Dagegen ist ein Schäferhund leicht zu erziehen und sein Hund war schon 9 Jahre alt. Er hat mich nach meinem Namen gefragt. Cathrin habe ich geantwortet, er hieß Uwe.

Uwe hat sich noch mit einem Punker unterhalten der auch obdachlos war.

Er hat uns in eine nagelneue Wohnung mit vielen leerstehenden Zimmern gebracht. In dem Zimmer was ich haben konnte, war sogar eine Matratze.

Wir haben was zu essen und trinken bekommen nur einmal. Sonst mussten wir unser Essen und Trinken selber kaufen. Mir wurden die Einkaufsläden und einige Wege gezeigt. Es war ein großer Mietblock mit Fahrstuhl und Treppen.

Davor jede Menge Grünflächen zum Hunde ausführen. Es hatte noch ein Mann darin gewohnt in unserer WG. Mit den beiden war gut auszukommen, nur der Punker hat mich sehr genervt, mit dem ich leider die meiste Zeit zusammen war. Uwe und der andere Mann Mike haben viel gearbeitet.

Geld haben wir draußen irgendwie zusammen bekommen, mit Leute anbetteln. Davon gingen wir einkaufen Hundetrockenfutter Latz kleine Packung und für mich was meine Umhängetasche hatte ich dabei. Ich habe mich viel mit anderen Hundebesitzern unterhalten. Da konnte ich Hazel mit anderen Hunden im Spiel ableinen. Manchmal habe ich lange gebraucht, bis ich sie wieder angeleint hatte. Afganen gelten als eine der schwerst erziehbaren Hunderassen. Uwe hat mir eine Adresse gegeben, wo ich nach Arbeit im Haushalt fragen sollte, was ich auch versucht habe. Es ging steil bergauf, leider habe ich die Adresse nicht gefunden. Mein fester Freund, wo ich mit zusammen war, war damals in Haft wegen BTM. Ihm habe ich einen Brief geschrieben. Ich habe schon vier Tage in der WG gewohnt. Es wäre alles in Ordnung, wenn bloß der blöde Punker nicht da gewesen wäre, da mich immer wieder doof angemacht hat. Uwe meinte, wir sollen am besten nach Arbeit suchen, was wir in der Zeitung auch gemacht haben. Ich wäre gerne viel länger da geblieben, wenn der Punker nicht gewesen wäre. Mein Afgane hatte starken Respekt vor dem Schäferhund, dem hat sie besser gehorcht wie mir.

Im Gegensatz zu anderen Hunden unterlegen sich Windhunde ihren Besitzern nicht, sondern fühlen sich gleichberechtigt, nur den Hunden müssen sie sich unterlegen.

Ich habe viel mit Uwe gesprochen, der sehr christlich eingestellt war, mit ihm war auch gut auszukommen. Ich habe ihm gesagt, dass es mit dem Punker immer wieder Schwierigkeiten gibt und ich deshalb am liebsten weg will.

Er versuchte mich zu überreden zu bleiben, aber so leid es mir tut, ich war den ganzen Tag mit dem Punker zusammen. Der hat noch Bier getrunken und hat mich immer wieder angemacht die Anderen waren viel zu selten da.

Also habe ich mich erkundigt, wie ich an die Autobahn in Richtung Speyer komme. Dort wollte ich mein Erzieherin im Marienheim, einem Internat, besuchen. Irgendwie habe ich mich durchgefragt, bin mit dem Zug gefahren, dahin wo ich trampen kann, natürlich mit Hazel. Es war Sommer und schönes Wetter. Manchmal musste ich lange stehen und manchmal ging es schnell.

Es kam auch vor, dass mich Autofahrer gefragt haben, wo ich hin will. Die große Tasche hatte ich leider wieder zu schleppen. Als ich an der Pforte nach Schwester Willtraut, fragte, wurde sie gerufen. Sie hat mich zum Essen in den Speisesaal eingeladen wir haben viel geredet. Sie wollte, dass ich mit Hazel Schwester Helmtrut besuche, damit sie meinen Hund sieht, weil sie früher mal einen Schäferhund hatte und nicht mehr lange lebt.

Das habe ich auch noch getan, wir hatten beide gegessen und getrunken.

Danach wollten wir weiter nach Heidelberg. Wir sind immer getrampt, da wir kein Geld hatten. In Heidelberg haben wir uns hingesetzt, immer wenn ich nicht mehr weiter wusste, habe ich mein grünes Kreuz der Hoffnung pendeln lassen. Bis mich ein älterer Mann angesprochen hat, er hat mich in eine Wirtschaft eingeladen. Er hat mir gesagt, er wäre von der Interpool und wir könnten bei ihm schlafen, deshalb gingen wir mit. Er hatte eine kleine Wohnung und es hatte geregnet. Den nächsten Tag bekam er Essen in die Wohnung, er hat sehr viel geredet. Als er den zweiten Tag was von mir wollte, habe ich gesagt, später erst muss der Hund raus und wir sind abgehauen, woanders hin.

Ich habe nicht eingesehen mit irgendjemanden Sex zu haben und schnell schon gar nicht. Wenn einer was von mir wollte, bin ich lieber gegangen, das sehe ich nicht ein.

Ich habe mich in die Fußgängerzone weit weg von dem Mann verzogen und gehofft, ihn nicht wieder zu sehen. Mich hingesetzt, zum Glück hat mich bald ein anderer angesprochen, es wurde auch schon langsam dunkel. Er war arbeitslos, hatte auch kaum Geld, aber ein kleines Zimmer, wo wir ein paar Tage schlafen konnten. Michael war sein Name. Wir haben gebettelt und er hat mir Treffs gezeigt, wo man billig trinken und essen konnte. Außerdem hat er mir versprochen mir Heidelberg zu zeigen, mit ihm war gut auszukommen. Michael hat mich zum Joint eingeladen. wir haben mit einem Flaschenöffner Brötchen bestrichen, mit Hazel war gut Geld zu bekommen.

Für sie brauchten wir auch Hundefutter Windhunde kommen mit wenig Futter aus. Etwa so viel wie mein Kleinpudelschnautzer Chico gefressen hat frisst Hazel 70 cm Widerrist. Vor allem hat sich Hazel immer gefreut, wenn sie frei mit anderen Hunden spielen durfte wir konnten sie nicht aus den Augen lassen. Michaels Bekannte haben mich gewarnt, wenn jemand es auf Hazel abgesehen hatte. Alle andere Hunde haben auch auf Hazel aufgepasst. Sie hatte eine Tätowiernummer im Ohr, Papiere hatte ich als Beweis dabei. In meiner schwarzen Daimler Benz Leder Reisetasche. Heidelberg ist eine schöne Stadt, alleine hätte ich mich nie zurechtgefunden, aber mit Michael gut.

Einmal kam ein Mann angelaufen, der sagte: „Ich bin nur ein armer Rentner." Er hatte für Hazel Steaks gekauft und wollte sie damit locken. Das sieht der Afgane, dass sie zu dem Mann geht, wir haben nur gelacht das hätten wir noch essen können. Längere Zeit war ich mit Michael zusammen, er hatte leider keine Dusche. Irgendwann hat er dann Tagesarbeit bekommen.

Langsam Zeit mir Gedanken zu machen, wohin jetzt ich denke nach Koblenz. Wieder musste ich mich natürlich mit Hazel an die Straße stellen. Ich wartete eine Stunde bis ein Autofahrer hielt. Er fragte mich, wohin ich antworte: „Koblenz." Er meinte, nicht ganz, aber er kann mich da rauslassen, wo ich weiter trampen kann. Dann sind wir eingestiegen Taschen und Hund auf den Rücksitz ich vorne. Wie die Meisten wollte er auch wissen, warum ich nach Koblenz wollte. Ich habe ihm erzählt, dass ich keine Wohnung habe und ein paar Tage bei jemanden in Heidelberg bleiben konnte. In der Hoffnung in Koblenz auch Leute zu finden. Dann 100mal die Geschichte das mich meine Mutter rausgeschmissen hat, weil sie mir den Hund genehmigt hat. Dann war ihr mein Hund nicht mehr recht, weil sie ihr auf die Terrasse geschissen hat, weil sie rumgeschrien hat. Mit meiner Mutter war nicht leicht auszukommen, erst sollte Hazel im Keller bleiben, kam sie doch hoch, bekam sie Wurst von meiner Mutter. Ich glaube, meine Mutter ist schizophren, aber sie wollte, dass ich in die Psychiatrie gehe. Eine ständig unzufriedene Frau, der es kaum jemand recht machen kann. Mit Ihrer Ehe und Ihrem Mann gab es täglich Ärger. Deshalb ist mein Vater ständig abgehauen zu seiner Mutter nach Bermersbach. Ich wäre auch nicht in so einer Lebenssituation. Leider kann man sich die Eltern nicht aussuchen. Die Zeit ging beim Reden schnell um und wir mussten aussteigen.

Wir waren nicht mehr weit von Koblenz entfernt, da hielt das nächste Auto.

Wieder fragte mich diesmal eine Autofahrerin wohin. Nochmal erwähnte ich Koblenz ins Stadtzentrum, wenn es geht. Und immer wieder die gleichen Fragen und Geschichten. Ja, meinte die nette Autofahrerin, da kann ich dich hinbringen und hat mich und Hazel rausgelassen. Da stand ich in der Nähe eines Kiosks mit Taschen und Hund. Ein Pakistaner hat mich angesprochen, er war der Inhaber vom Kiosk, was ich hier suche. Ich habe ihm gesagt, dass ich obdachlos bin. Er hat mir gesagt, dass er eine deutsche Freundin hat mit zwei Kindern. Er hat seine Freundin angerufen, die auch bald da stand, mit einem Zwerg Sheltie. Hazel hat sich gleich gut mit dem Rüden vertragen.

Britta hatte ein kleines Mädchen etwa 1 Jahr alt und einen etwa 2jährigen an der Hand. Sie gesagt, dass ich erst mal mit zu Ihr kommen kann. Wir haben über sämtliche Sachen geredet, sie hat mir von ihren Kindergeburten erzählt. Außerdem wäre der Pakistaner ihr fester Freund. Der Junge war von einem deutschen Vater und das Mädchen war ein Negermischling. Sie hat gesagt, Pakistaner sind ganz anders wie deutsche Männer. Bashir würde ihr Freund heißen, der sich gut um Ihre Kinder kümmert, obwohl keins von ihm war. Sie meinte, deutsche Männer sind viel fauler. Britta hat mir gesagt, dass sie vom Sozialamt lebt und 24 Jahre alt ist. Wir gingen in eine Altbauwohnung 3 Zimmerwohnung. Sie hat mir das Wohnzimmer gezeigt und gesagt da kannst du dich hinlegen heute Nacht. Wir haben unsere Hunde versorgt uns und die Kinder. Ich habe sie gefragt, ob ich bei ihr duschen kann, ich habe leider noch keine Dusche. Ich bekomme vom Sozialamt eine Dusche in der Küche eingebaut. Bahir hat in seiner Wohnung eine Dusche, da könnten wir duschen. Außerdem würde Bashir heute Abend kommen. Er kam auch, konnte bei den Kindern bleiben, während wir mit den Hunden Gassi gegangen sind. Sie hat mir erzählt, dass sie Ihre rassereine Sheltie auch viel billiger bekommen hat, weil er 5 cm über der zugelassenen Größe war. Er war wie mein Afghane nicht zu Hundeausstellungen zugelassen. Wir gingen wieder zurück in Brittas Wohnung, wo Bashir wartete. Er hat mir gesagt, dass er einen pakistanischen Freund hat, der eine Freundin sucht. Ich könnte ihn mir anschauen, ob ich ihn zum Freund wollte. Aber wenn ich nicht will, ich muss nicht. Bahir hat gesagt, dass er Besuch von Freund bekommt demnächst.

Ich habe ihn gefragt, ob ich bei ihm duschen kann. Morgen ist Sonntag, da könnte ich duschen. Wir aßen noch etwas und Bahir ging in seine Wohnung, wir unterhielten uns noch. Britta hat mir erklärt, dass bei Pakistanern die Männer kochen, wenn Besuch kommt, die wären nicht so faul wie deutsche Männer. So langsam wurden wir müde, ich sagte noch Gute Nacht Britta, und wir legten uns schlafen. Am nächsten Morgen bekamen die Kinder Frühstück, ich trinke nur Kaffee. Bahir kam, ich nahm mir frische Jeans einen kurz ärmlichen Pulli und alles Andere, was ich zum Duschen brauche mit. Hazel konnte ich auf dem Weg in Bahir seine Wohnung Gassi führen. Endlich duschen ich, ging in die Badewanne und duschte. Danach ging ich wieder zu Britta in die Wohnung, sie hatte die Kinder schon fertig gemacht. Sie fragte mich, ob sie kurz was einkaufen könnte und ich auf die Kinder aufpasse. Ja meinte ich und sie verließ mit Ihrem Hund die Wohnung. Sie war etwa eine Stunde fort, da kam Bahir und bald darauf Britta. Bahir hat das Mädchen auf den Arm genommen und Britta den Jungen in den Kinderwagen gesetzt. Sie meint, für sein Alter ist er zu faul zum Laufen, deshalb hatte sie einen

Zwillingskinderwagen auf dem Sozialamt beantragt. Wir waren bald in Bahirs Wohnung die Hunde mußten auf dem Balkon wegen dem Essen. Es klingelte an der Tür, Bahirs Freund kam, der Tisch war gedeckt ein bisschen scharf aber man konnte es essen. Danach gingen wir und ließen die Männer sich unterhalten wieder in Brittas Wohnung. Ich habe versucht den Jungen an die Hand zu nehmen, zum Laufen zu überreden war aber nicht leicht, bis wir wieder bei Britta waren. Danach haben auch noch unsere Hunde Futter bekommen Hundetrockenfutter und Wasser. Ich habe dann meinen Afghanische Windhund gebürstet eine Hundebürste und einen Filzkamm hatte ich auch dabei. Ich habe Britta gezeigt, wie viel ihre Sheltie verfilzt ist und wie sie schichtenweise bürsten muss. Viel Arbeit diese Fellhunde sie müssen wöchentlich gebürstet werden. Britta fragte mich ob ich für Sie eine Quittung Kinderstuhl gekauft für 30 Euro unterschreibe ja sagte ich. Außerdem meinte sie, ich müsste auch Geld bekommen und sollte mit aufs Sozialamt gehen. Versuchen kann ich es mal, meinte ich, vielleicht klappt es wenigstens ein Bisschen. Den nächsten Tag wollten wir es versuchen, ich hätte schon was gebraucht. Britta war am Wäsche waschen und fragte, ob ich auch dreckige Wäsche hätte, eine Hose Unterhosen Strümpfe und Pulli. Ich war schon ganz gespannt, was morgen rauskommt. Schon wieder ein Tag rum gespannt auf den Tag morgen. Nachdem Britta die Kinder gewickelt und gefüttert hatte, machten wir uns mit Kinderwagen und Hunden auf dem Weg Richtung Sozialamt. Britta meinte, den Jungen gibt sie bei ihrer Mutter ab, weil er so schlecht läuft, die auf dem Weg eine Wohnung hatte. Wir wollten ihn auf dem Rückweg vom Sozialamt wieder abholen. Zuerst ging Britta zu Ihrer Sachbearbeiterin kam wieder raus alles in Ordnung. Dann sollte ich reingehen, mir hätte Tagessatz zugestanden?! Aber zu mir meinte die Frau auf dem Sozialamt, mir würden sie höchstens eine Rückfahrkarte zu meiner Mutter bezahlen. Ich war natürlich sehr sauer, die wimmeln ab, wo sie können. Ohne Sozialarbeiterin gehe ich kein weiteres Mal alleine hin, habe ich Britta gesagt. Ich konnte schlecht betteln, weil ich fast den ganzen Tag bei Britta war.

Wenn Britta mal alleine weg wollte, habe ich auf die Kinder aufgepasst. Sie hatte vor der Küchentür ein Gitter, was ich nicht gut finde. Der kleine Markus war im Sprechen zurückgeblieben, sie hatte außerdem mit dem Jugendamt Schwierigkeiten. Britta sagte, bevor das Jugendamt ihren Kleinen bekommt, gibt sie ihn nach Pakistan, die wären so kinderfreundlich.

Sie hat die Kinder ins Bett gebracht und wollte dann mit mir und den Hunden eine Freundin besuchen gehen. Sie hat mir über ihre Freundin erzählt, dass sie Ihre Kinder oft stundenlang im Bett lässt und weggeht.

Zu mir war sie ganz nett und hat mir sogar 10 € gegeben, weil mir das Amt nichts bezahlt hat. Natürlich musste ich Ihr auch meine Geschichte erzählen, wie ich hergekommen bin, hat Britta erzählt. Sie sollte den Hund von Britta nehmen, weil sie mit Bahir und Ihren Kindern in Urlaub nach Pakistan fliegen wollten. Britta hat mir erzählt, sie wird von ihrem Freund eingeladen, er würde alles zahlen. Außerdem meinte Britta, sie dürfte von ihrem Freund aus alleine in die Stadt gehen, bloß hätte er immer erfahren, wo sie war. Sie meinte es wären nicht alle so, bei einigen durften die Frauen nicht alleine gehen. Aber mit dem Freund von Bahir war es nicht so einfach ihn zu verstehen und dazu wollte er Sex von mir, was ich nicht wollte. Ich hatte mich mit dem Gedanken abgefunden, dass ich sie bald verlassen musste. Ich habe mich verabschiedet und meine Tasche gepackt meine Hazel angeleint meine andere Tasche über die Schulter gehängt. Dann bin ich gegangen, die Richtung habe ich mir noch von Britta zeigen lassen. Unterwegs habe ich mich bei Leuten erkundigt, wo ich trampen kann. Bis ich wieder mit vor gestreckten Daumen an der Straße stand. Ein LKW-Fahrer hat gehalten und mich gefragt, wohin. Als ich ihm gesagt habe, dass ich obdachlos bin. Er hat mir vorgeschlagen eine Tour mit ihm zu fahren, was ich dann auch gemacht habe. Hazel durfte sich in die Koje legen gemütlich, sie hat ruhig verhalten und war ganz brav. Ich musste sie hochnehmen, dass sie in den hohen LKW kommt. Sie wog zum Glück nur 20 kg. Ich habe damals höchstens 36 kg gehabt, mehr getrunken und geraucht als zu essen. Der Fahrer meinte, wenn ich müde bin, kann ich mich hinlegen, aber ich war es nicht. Er hat mir erzählt, dass er verheiratet wäre und bald Vater wird.

Seine Frau wäre früher Fixerin gewesen und deshalb unruhig, hoffentlich kommt das Kind nicht zu früh, hatte er gesagt. Seine Frau hätte er nur deshalb geheiratet, weil Sie ihn vergewaltigt hatte. Er war früher als Kind sexuell missbraucht worden. Ich mache alles nur für meine Frau auch arbeiten und für das Kind, welches kommen sollte. Zu mir meinte er, er würde mit mir am liebsten in ein Kibbuz nach Israel ziehen. Ich durfte von ihm Zigaretten rauchen, ein von seiner Frau geschmiertes Käsebrot hat er mir angeboten.

Das ich gerne angenommen habe, Kaffee hat er auch noch in der Thermoskanne gehabt. Ich habe ihm alles von meinen Eltern erzählt vor allem 100mal bei sämtlichen Leuten das Gleiche. Wir haben uns stundenlang gut unterhalten, bald war es Abend. Andy hat auf einem Rastplatz gehalten, wo wir endlich aussteigen konnten. Vom langen Fahren im LKW tun einem die Beine ganz schön weh man ist froh endlich wieder laufen zu können. Hazel konnte runter alleine springen, wir gingen in eine Gaststätte was Trinken Andy hatte Hunger ich nicht. Danach hat auch Hazel Wasser und Hundefutter bekommen. Kurz sind wir mit Hazel Gassi gegangen. Andy wollte noch duschen und ich Zähne putzen und auf Toilette. Danach haben wir uns in die Kojen gelegt er ober ich wegen Hazel unten und geschlafen. Früher war es nicht so blöd wie in der heutigen Zeit da dürfen LKW-Fahrer keine Tramper mehr mitnehmen. Früher wurde es genehmigt damit die LKW-Fahrer Unterhaltung haben und nicht einschlafen. Nach dem Aufstehen gingen wir Frühstücken und auf Toilette. Hazel wollte noch kein Wasser, sie hat gleich gepinkelt und einen Haufen gemacht. Dann sind wir weitergefahren, die Autobahn ist endlos lang. Andy musste irgendwo abladen. Ich habe manchmal kaum auf die Ortschaften geschaut, wichtiger waren für mich immer die Leute, wo ich bleiben konnte und wie lange. Überall solange ich gerne gesehen und eingeladen war.

Wir haben endlos über sämtliche Sachen geredet, auch wie schwer es ist eine Wohnung zu bekommen. Ich habe Andy von meiner Erfahrung vom Sozialamt erzählt. Er meinte, meine Eltern müssten aufkommen. Mein Vater hat immer zu mir gesagt, dass die Regierung aufkommen müsste. Aber ich wollte von meinen Eltern schon immer weg, weil ich mich bei meiner Mutter ihrem ständigem

Geschrei nicht wohlfühlte. Andy erzähle, er hat es als Kind mit seinen Eltern auch nicht leicht gehabt. Er wäre von seinem Onkel sexuell missbraucht worden, hatte auch nie mit irgendjemand als Kind darüber geredet.

Das verstehe ich nicht, ich hätte als Kind mich an jemand gewendet, wäre mir so etwas passiert. Eltern wissen es oft nicht besser, wie sie selber erzogen worden sind. Meine Mutter hat immer gesagt, wenn sie von der Schule gekommen sind, war nie Essen auf dem Tisch Ihre Mutter hat nur mit der Nachbarin geredet. Die Autobahn ist endlos lang, überall Autos, mit der Zeit tun mir die Beine weh. Im PKW nicht so schnell, aber im LKW ganz schön. Ich habe mich dann öfter im Schneidersitz hingesetzt oder hingekniet. Nach stundenlanger Fahrt meinte Andy, wir sind bald da, wo er abladen muss. Es wird längere Zeit dauern und ich kann mit Hazel spazieren gehen. Zuerst sind wir auf Toilette gegangen danach in eine Wirtschaft. Andy hat mich eingeladen Kaffee und Brötchen Hazel habe ich danach mit Wasser und Hundefutter versorgt. Wir treffen uns in einer Stunde am LKW, sagte Andy. Ich bin mit meiner Hündin an einer Flexi 8meter Hundeleine losgelaufen. Es war so richtig angenehm, endlich wieder laufen zu können, vom stundenlangen Sitzen im LKW. Danach habe ich Hazel noch gebürstet, das sie sauber und gepflegt aussieht. Dann kam Andy zurück und wir stiegen in den LKW, Hazel musste ich hochheben. Die Fahrt ging dann weiter, Mineralwasser hatte ich immer in meiner Tasche es war Hochsommer. Irgendwo hat mich Andy dann rausgesetzt, in einem Stadtzentrum. Andy hat mir noch 10 Euro gegeben, ich brauchte Tabak Blättchen und Hundefutter. In einem Kaufhaus gab es Hundefutterproben umsonst, davon habe ich gleich ein paar mitgenommen. Außerdem habe ich eine kleine Packung Latz Trockenfutter gekauft. In der heutigen Zeit gibt es so etwas nicht mehr, früher hat es geheißen einen Hund bekommst du immer durch Metzgerei auch umsonst. Früher war vieles besser wie heute nicht nur Geld. Aus dem Mülleimer habe ich einen Mac Donalds Becher für Hazel geholt für Wasser. Dann bin ich auf Toilette, danach habe ich meinem Hund Wasser gegeben von wegen Toilettengeld! Dann haben wir uns hingesetzt und gebettelt wir hatten auch bald wieder Geld zusammen. Langsam wurde es dunkel, wir hatten noch niemand, der uns eingeladen hat. Es war das erste und das letzte Mal das wir niemand gefunden hatten. Ich habe uns einen Platz gesucht zu hinlegen mit Parka und Kleidern zugedeckt Kopf auf der Tasche den Hund eng bei mir. Ich war müde, konnte aber nicht schlafen, was getrunken, Zigaretten geraucht. Es war schon sehr spät, da hörte ich einen lauten Knall, 3 Männer hatten Irgendetwas gegen die Scheibe einer Bank geworfen. Ich bin ruhig liegengeblieben. Ich hatte Angst, weiß nicht, ob sie uns gesehen haben. Ich habe sie aus meiner Nähe wegrennen sehen, war froh, dass sie nicht zu uns kamen. Ganz spät in der Nacht kam ein junger Mann auf uns zu, er meinte, die Polizei müsste uns aufnehmen. Da hat er sich schwer getäuscht, er hat gesagt, dass er im Studentenwohnheim wohnt und keine Besucher haben darf. Aber er hat es nicht fertig gebracht, uns auf der Straße liegen zu lassen und uns heimlich in sein Zimmer geschmuggelt. Nach längerem Gespräch immer das Gleiche, hat er mir 100 € gegeben, dann konnten wir endlich schlafen.

 Er hat mir eine Isomatte auf den Boden gelegt und einen Schlafsack gegeben.

Wir hatten kaum geschlafen, da mussten wir wieder aufstehen uns sehr ruhig verhalten, dass nichts auffällt. Er hat noch gesagt, er würde alles von seinen Eltern bezahlt bekommen. Dann hat er uns wieder raus geschmuggelt und mir viel Glück gewünscht. Ich habe mich bedankt und verabschiedet.

Ich war noch sehr müde da habe ich ganz weit oben eine Burg gesehen, wo ich hinwollte. Irgendwo habe ich Kaffee getrunken aufs Klo gegangen Hazel Wasser gegeben und mich nach dem Weg zur Burg erkundigt. Es war ein ganz schön weiter Weg da hoch zu laufen mit dem vielen Gepäck. Da oben war nicht eine Person. Ich habe das Tor zugemacht Hazel abgeleint und mich auf eine Bank gelegt. Obwohl ich müde war, konnte ich nicht schlafen. Bald kamen wieder Leute, musste Hazel anleinen, weil sie sie angebellt hat. Irgendwann sind wir wieder runter gelaufen uns irgendwo hingesetzt. Grünes Kreutz der Hoffnung an einer Halskette pendeln lassen. Es sind Leute gekommen die mir Geld zum Essengehen gegeben haben, wie immer habe ich mich bedankt.

Ich habe mich in einer Wirtschaft hingesetzt, da hat mich ein Mann an gesprochen, wo ich mit der Tasche hinwollte. Keine Wohnung, meinte ich weiß nicht. Er hat mir erzählt, dass er in einer Band spielt und in einer WG mit einem Freund lebt. Vom Tisch gegen über habe ich junge Frauen gesehen, die so schwärmerisch zu ihm rüber geschaut haben. Er meinte zu mir, viele Frauen wollen was von ihm. Mir war eigentlich alles egal, ich war nur müde. Außerdem hatte ich schon mit vielen gut aussehenden Männern zu tun gehabt. Er hat uns in seine Wohnung mitgenommen. Ich bin so müde, hatte kaum geschlafen und ihm von meiner letzten Nacht erzählt. Manchmal war ich froh, wenn ich nicht mehr reden brauchte. Er musst noch mal weg, hat mir ein Sofa angeboten, wo ich mich ausruhen konnte. Wenn ich wo fremd bin, konnte ich oft nicht gleich schlafen. Später als er wieder da war, stellte er sich als Mike vor. Er hat mir Kaffee angeboten, von dem ich am liebsten viel getrunken habe, die Küche gezeigt, wo ich was holen konnte. Jeder hatte ein Zimmer für sich, danach ergaben sich lange Gespräche. Von mir aus kannst du mit Hazel ein paar Tage bleiben, aber du bist allein wir müssen arbeiten. Samstag Sonntag nicht aber sonst täglich du kannst ja ein bisschen sauber machen. Ich gebe dir 20 € und einen Einkaufszettel, wenn du was brauchst, kannst du dir kaufen. Auch einen Schlüssel damit du wieder rein kommst. Ich habe mir die Adresse aufgeschrieben, falls ich mich verlaufe, dann kann ich immer zurück durchfragen. Mike gab mir Wassernapf und etwas als Futternapf für Hazel es wäre so ein schöner Hund und hat Hazel gestreichelt. Sie mochte ihn. Wir gingen noch mit Hazel spazieren. Was für eine Rasse sie ist, fragte Mike. Ein Afghanischer Windhund. Ob ich sie ableinen kann, fragte Mike mich es kann lange dauern bis man sie wieder an der Leine hat. Es gibt nur einen bedingten Gehorsam nicht wie bei einer anderen Hunderasse, die sich dem Menschen unterlegt. Mehr mit einer Katze vergleichbar, hat mir die Züchterin erklärt, sie fühlt sich eher gleich berechtigt als unterlegen. Besser angeleint lassen so geeignet war die Stelle Straße in der Nähe und Autos nicht.

Dann sind wir wieder zur Wohnung zurückgelaufen, präge dir die Wege gut ein gerade aus nach unten kommst du ins Einkaufszentrum.

Mike schloss die Haustür auf, zweiter Stock, da waren wir wieder. Es wurde auch bald dunkel. Ich habe geduscht

Haare gewaschen und Zähne geputzt und auf Toilette konnte ich auch wieder. Schön wieder eine Wohnung zu haben, die gepflegt und sauber aus sah. Ein paar erholsame Tage. Erste Nacht konnte seit 8 Uhr nie gut schlafen. Erst die weiteren Tage, wenn ich ein wenig eingewöhnt war. Manchmal wenn ich aufgestanden war, ging Mike und sein Freund gerade auf die Arbeit. Mike sagte, du kannst dich ruhig noch hinlegen. Aber Hazel musste raus, machte mir Kaffee und drehte mir eine Zigarette. Ich durfte in der Wohnung rauchen, weil Mike sein Freund auch rauchte. Danach ging ich mit Hazel Gassi, traf einen jungen Dalmatiner mit dem Hazel spielen wollte und riskierte es sie abzuleinen. Zum Glück konnte ich ohne meine große Tasche gehen nur mit leichter Umhängetasche. Ich habe zu der Hundebesitzerin gesagt, hoffentlich bekomme ich meinen schlecht horchenden Hund wieder leicht angeleint. Sie meinte, Ihrer horcht gut. Afghane ist halt was anderes, aber sie sollte auch spielen können mit anderen Hunden. Damit sie sich austoben können, lässt man Hunde am besten mit anderen spielen, wenn sie noch jung sind. Dann meinte die Frau, sie müsste langsam heim gehen. Sie hat ihren Dalmatiner gerufen, der hat gut gehört. Meine Hazel habe ich gerade am Halsband geschnappt und angeleint. Bin mit Ihr zurück in Mikes Wohnung gegangen und habe mir einen Kaffee gemacht. Einkaufen musste ich noch Brot und Tabak holen bis heute Abend. Ich legte Hazel an die Leine und ging los, gerade aus, bergab. Unterwegs fragte ich noch jemand, nach dem Weg. So wie mir es die Frau erklärt hatte, lief ich weiter bis ich das Einkaufszentrum sah. Vor dem Rewe waren Haken, wo ich Hazel angebunden habe. Ich brauchte eine ganze Zeit in einem fremden Laden was zu finden, Tabak und Blättchen. Das Brot habe ich aufgeschnitten in der Bäckerei geholt, wie Mike gesagt hatte. Danach bin ich raus zu Hazel, die gerade aufgestanden war, wo sie mich gesehen hat. Wir haben uns auf dem Heimweg gemacht, wieder musste ich nach dem Weg fragen. Es ist nicht einfach, sich alle paar Tage immer wieder wo anders zurechtfinden zu müssen. Zur Not hatte ich noch einen Zettel mit der Adresse dabei. Endlich waren wir wieder in Mikes Wohnung, weil ich müde war, konnte ich mich ein Bisschen Hinlegen, es war erst 15 Uhr. Bis zum Abendessen war ich alleine in der Wohnung, Fernseher konnte ich auch schauen, wenn ich will. Abends kamen Mike und sein Freund von der Arbeit sie machten im Backofen Pizza. Mike fragte, ob ich auch mag. Damals war ich noch kein Vegetarier mit Käse, Salami und Pilzen ja das esse ich auch gerne war die Antwort. Wir schauten noch ein wenig Fernseher außerdem wollte Mike wissen, was ich gemacht hatte. Hazel hat natürlich auch Futter bekommen und ein Wassernapf stand den ganzen Tag zu Verfügung. Nachdem Hazel noch Gassi war, haben wir uns bald ins Bett gelegt. So langsam konnte ich endlich wieder besser schlafen, hatte mich schon besser eingewöhnt. Der nächste Tag begann, Mike meinte, ich könnte abwaschen, Staubsaugen und zeigte mir, wo die Putzsachen sind und der Staubsauger. Er verabschiedete sich bis heute Abend und Beide gingen wieder arbeiten. Zuerst bin ich mit Hazel Gassi gegangen, draußen trafen wir einen Dackel, den Hazel begrüßte, aber zum Spielen war er zu klein für einen 70 cm großen Afghanen. Danach trafen wir auf einen Irischen setter die beiden Hunde wollten spielen. Die Besitzerin des Hundes schlug mir vor auf eine Wiese zu gehen, wo wir die Hunde ableinen können. Damit sie sich Beim Spielen austoben können gute Idee meinte ich und sie zeigte mir den Weg zu einer Wiese. Die Frau hat mir erzählt das sie den Hund aus einem Tierheim hatte, es ist auch eine Rasse, die viel Auslauf braucht. Die Leute, wo der Hund vorher war hatten fünf Kinder genug mit den Kindern zu tun keine Zeit sich um den Hund zu kümmern der viel Auslauf braucht. Da hätten sie vorher daran denken müssen, aber viele Leute denken leider nicht, deshalb sind die Tierheime voll, sagte sie. Nach einer langen Zeit Spiel haben wir die Hunde angeleint.

Wir verabschiedeten uns und gingen beide Heim. Bloß dass es nicht meine Wohnung war, sondern Mikes und seinem Freund seine Wohnung. Ich schloss die Tür auf, machte mir Kaffee und aß ein Brot mit Butter und Erdbeermarmelade. Danach machte ich den Abwasch, Lüftung und wischte Staub. Dreck fand ich einigen. Staubsaugen hielt ich auch für notwendig Waschbecken und Toilette putzen. Die Zeit geht schnell um, wenn man was zu tun hat. Hazel konnte ich auch mal wieder bürsten, nebenbei hörte ich Musik, Stairway to Heaven von Led Zeppelin. Ich hatte von Mike Erlaubnis an Radio und Fernseher zu gehen, auch wenn ich alleine war. Schon wieder war bald Abend und Mike und sein Freund kam zurück. Wir machten Ravioli warm und aßen Brot dazu. Später erzählte mir Mike, dass es seinem Freund nicht passt, dass ich da bin, ich kann ja wieder gehen meinte ich morgen. Aber ob ich noch duschen kann, natürlich sagte Mike, noch bis morgen. Deshalb ging ich gleich duschen und Haare waschen. Ich musste ja nochmal mit Hazel Gassi.

Am nächsten Tag habe ich mich fertiggemacht und Tasche gepackt. Mike sagte noch, wegen ihm bräuchte ich nicht zu gehen, gab mir noch 20 Euro und ich verabschiedete mich. Erst lief ich mit Hazel los, fragte, wo ich in Richtung Freiburg trampen kann es war noch ein ganzes Stück zu laufen. Mit schwerer Tasche Hazel musste noch Gassi auf dem Weg zur Tramperstelle. Da stand ich wieder, wartete auf ein Auto. Lange Zeit musste ich warten bis endlich eine Frau hielt. Sie wollte wissen, wohin. Ich sagte, Freiburg. Nicht ganz soweit, meinte sie. Ob ich da jemand kenne, wollte sie wissen. Nein, sagte ich und dass ich obdachlos bin. Wenn du willst, kannst du ein paar Tage zu mir kommen, meinte sie Ihr Pudel würde sich freuen, wenn er jemanden zum Spielen hat. Und ich hatte für ein paar Tage wieder eine Unterkunft. Wie fuhren zu ihr, wo sie wohnte, ein Haus und ein großes Grundstück, teils Garten. Sie zeigte mir eine Hängematte im Hof, wo ich schlafen konnte sah ganz gemütlich aus und Hazel konnte frei im Hof rumlaufen. Sie meinte, sie hätte mit einer anderen Frau schlechte Erfahrung gemacht, die ihr etwas aus ihrem Haus geklaut hatte, deshalb nimmt sie mich nicht ins Haus. Sie holte ihrem Kleinpudel aus dem Haus. Er und Hazel spielten sofort. Waschen und auf die Toilette konnte ich schon kurz im Haus, wenn sie in meiner Nähe war. Ich hatte noch nie bei Leuten, die mich aufnehmen, etwas gestohlen und würde es auch nie tun. Ich war froh, wenn ich nicht auf der Straße schlafen muss, leider gibt es so Leute. Ich bekam Kaffee und ein Brot zu essen. Immer wieder die gleichen Fragen, warum ich auf der Straße bin, warum mich meine Mutter rausgeschmissen hat und so weiter. Manchmal konnte ich es nicht mehr hören, aber man muss höflich und froh sein wieder für ein paar Tage irgendwo schlafen zu können und es war schön warmes Wetter.

Sie wollte wissen, ob ich Hundefutter habe. Für Hazel immer, antwortete ich. Sie gab mir einen Wasser- und einen Futternapf ich stellte die Näpfe an einer geeigneten Stelle auf dem Hof und Hazel bekam Futter und Wasser. Wir gingen noch zusammen mit den Hunden spazieren. Die Frau stellte sich als Monika vor und ich als Cathrin. Monika zeigte mir ein bisschen die Gegend, wo man gut laufen kann. Der Tag ging schnell vorbei, es wurde Dunkel. Mineralwasser hatte ich noch in meiner Tasche zu trinken dabei rauchen durfte ich im Haus sowieso nicht. Deshalb war mir draußen lieber, ich konnte so schön die Sterne sehen, auf einer Hängematte hatte ich noch nie geschlafen. Ungewohnt aber ganz gemütlich. Vorallem toll für einen Hund, der den ganzen Abend frei auf dem Hof rumlaufen kann. Nach langem Reden ging Monika endlich ins Haus, war froh nicht mehr sagen zu müssen.

Manchmal kann es ganz schön nerven alles immer wieder zu sagen, ich konnte endlich mein Bett die Hängematte ausprobieren. Es war schon dunkel, als ich auf meine Armbanduhr schaute schon 11 Uhr und 30 Minuten. Schlafen konnte ich wie immer die erste Nacht nicht gleich, irgendwann bin ich doch ein geschlafen. Als ich aufwachte, war es 6 Uhr morgens ich habe eine Zigarette geraucht einen Schluck Mineralwasser getrunken. Hazel lag in meiner Nähe und schlief noch. Ich habe mich auch wieder hingelegt, weil ich niemand wach machen wollte. Später kam Monika, fragte, ob ich Kaffee wollte. Ja gerne, erwiderte ich. Ihr schwarzer Kleinpudel, kam auch Schwanz wedelt zu mir, um mich zu begrüßen. Ein Afghane begrüßt weniger die Leute. Wir gingen in die Küche, Hunger hatte ich keinen. aber Kaffee Milch und Zucker mochte ich immer gerne.

Darf ich die Tasse Kaffee mit raus nehmen, wegen dem Rauchen. Von mir aus meinte Monika. Danach fing in an Hazel zu bürsten, mit Filzkamm und Drahtbürste. Kannst du meinen Pudel danach auch bürsten? Ich habe so einen Filzschneidekamm, nicht wie du, sagte Monika. Ja, wenn ich mit Hazel fertig bin, aber ich brauche schon eine Stunde bei einen Afghanen. Das Fell muss schichtenweise runter gebürstet werden und mit einer Hand muss man ins Fell rein fassen und schauen, ob der Hund Zecken hat. Als ich endlich fertig war, machte ich erst eine Kaffee- und Zigarettenpause. Danach habe ich den Pudel gebürstet, er war bürsten gewohnt und lies es sich willig gefallen. Am Hals merkte ich eine Zecke mittlere Größe und sagte Monika Bescheid. Kannst du sie entfernen, fragte sie meistens gelingt es mir ohne Kopf abreißen aber garantieren kann ich nicht. Versuche es, meinte Monika, es ist mir mal wieder mit den Fingern gelungen Kopf war noch dran gut gelungen erwiderte Monika. Bis ich endlich fertig war, wollte Monika noch was ein kaufen gehen. Am besten gehen wir mit den Hunden raus danach Einkaufen. So liefen wir los. Monika kannte sich aus, so musste ich nicht nach dem Weg fragen. Als wir ins Einkaufszentrum kamen, stand da ein Hähnchenwagen. Magst du Hähnchen, fragte Monika. Ja gerne erwiderte ich. Erst gehe ich noch Brot und Butter holen im Lydel. Kannst du kurz meinen Hund halten bis ich wieder komme. Ja, war meine Antwort. Zum Schluss holte Monika die Hähnchen, danach gingen wir zurück zu Monikas Haus. Ich hatte vom Laufen Hunger außer dem Appetit auf Hähnchen. In der Küche stellte Monika gleich zwei Gläser und Teller auf den Tisch und wir fingen an zu essen, die Hähnchen waren gut.

Nach dem Essen habe ich Knorpel und Fleischreste für Hazel von den Knochen entfernt und unter Trockenfutter gemischt bisschen Wasser dazu meinem Hund auf dem Hof ihr Futter gegeben. Das frisst Hazel auch gerne Hähnchenreste. Monika hat ihren Hund drin gefüttert, damit kein Futterneid aufkommt. Draußen war auch ein Wasserhahn, wo ich den Hundenapf sauber gemacht habe. Danach half ich Monika beim Abtrocknen vom Geschirr, anschließend haben wir uns etwas ausgeruht. Ich draußen mit Kaffee und Zigarette auf meiner Hängematte Monika drinnen. Bald war es schon wieder dunkel und wir führten unsere Hunde noch mal Gassi, dass sie nicht auf den Hof pinkeln und ihr Geschäft da machen sonst musste es entfernt werden.

Es wurde noch über sämtliche Sachen geredet, bis es immer dunkler wurde. Zum Schluss Zähne putzen und auf Toilette gehen, gute Nacht sagen und nach Draußen in mein Feldbett.

Wieder ein Tag vorbei ich hatte so das Gefühl, als ob es bei Monika nicht mehr lange gehen würde. So was hatte Monika angedeutet, wenn Ihr Mann zurückkommt. Der nächste Tag fing wie immer bei mir mit Kaffee an, worüber sich meine Mutter immer aufgeregt hat, weil ich morgens früh nie Hunger habe. Und eine Zigarette, die ich mir selber gedreht habe, weil es billiger ist und Tabak länger hält, nicht so schnell leer ist.

Mein Tabak und mein Hundefutter war fast leer, das habe ich Monika gesagt.

Sie erwiderte, wir können nachher mit den Hunden in den Einkaufsladen gehen Lydel wäre am nächsten. Sie müsste auch noch einkaufen also legten wir die Hunde an die Leine und liefen los. Monika zeigte mir zwar einen Umweg durch den Wald weil die Hunde besser Ihre Haufen machen können wie auf dem Gehweg, wo Häuser Straße nur Beton ist. Meine Hazel ist so erzogen, dass sie auf Grünflächen oder Sand aber nicht auf Beton macht, es sei denn sie hat Durchfall. Monikas Pudel auch nicht viele Hunde, wenn sie gut erzogen sind. Ich will auch nicht gerne in Hundekacke treten. Die Hunde haben im Wald Gassi gemacht, dann sind wir Betonweg an der Straße in den Lydel gelaufen.

Vor dem Lydel waren Hundehaken zum Anbinden, dort mussten wir die Hunde anbinden. Lebensmittelläden sind für Hunde verboten.

Wir gingen rein, ich holte Latz Hundetrockenfutter, an der Kasse Tabak und Blättchen, außerdem Vitaminsaft, zahlte und ging nach draußen. Die Hunde begrüßen Hazel habe von Haken losgemacht. Der Kleinpudel hat mich auch schwänzelt begrüßt Du musst warten bis Monika fertig ist, habe ich zu ihm gesagt.

Bald darauf kam Monika aus dem Lydel und wir machten uns diesmal auf dem kürzesten Weg nach Hause.

Monika meinte, wenn du mir ein bisschen im Garten hilfst, koche ich dir ein gutes Essen, das in einer Wirtschaft über 10 Euro kostet. Dazu bin ich schon bereit und wollte wissen, was ich machen soll. Ich ziehe mich erst um, sagte Monika, dann zeige ich dir, was du machen kannst. Ich machte noch kurz eine Zigarettenpause, da kam Monika aus dem Haus. Sie gab mir etwas mit dem ich Unkraut ausstechen soll zeigte mir Wege die voller Unkraut waren da kannst du ausstechen. Ich fing an das Unkraut auszustechen, nach etwa eine Stunde kam Monika und meinte, das sieht ja schon ganz gut aus und das Essen ist fertig. Ich hatte Hunger und war gespannt, was sie gekocht hatte, es gab Schnitzel Kartoffel und Gemüse und es war nach meinem Geschmack.

Erst musste ich mir die dreckigen Hände waschen, dann setzte ich mich an den Tisch dazu ein Glas mit Sprudel. Monika setzte sich auch hin und wir fingen an zu essen. Guten Appetit, sagte Monika und wie schmeckt es dir. Mir schmeckt es gut, sie hatte gut gekocht. Nach dem Essen hat Hazel Trockenfutter und frisches Wasser bekommen. Monika meinte, morgen kommt mein Mann heim und dass ich bis abends besser nicht mehr da sein sollte. Er bräuchte besser nicht wissen, dass jemand da war.

Bis abends haben wir noch ein wenig Unkraut entfernt. Danach mussten die Hunde noch einmal Gassi geführt werden. Wir gingen den Waldweg spielen konnten die Hunde im Hof wann sie wollten. Monika hat ihren Hund nicht abgeleint, meine habe ich auch an der Leine gelassen. Bald war es Zeit sich fürs Bett fertig zu machen, die letzte Nacht, die wir hier verbringen konnten.

Wohin danach ich sagte Freiburg. Monika meinte, dass sie mich zu der Stelle fahren könnte, wo trampen genehmigt war morgen früh. Wir gingen schlafen wieder einmal diese Ungewissheit, was dann auf uns zukommt. Überall ich paar Tage, in der Hoffnung wieder etwas zu finden. Am nächsten Morgen der letzte Kaffee bei Monika dazu die gewohnte Zigarette. Danach wurden kurz die Hunde ausgeführt und ich packte noch meine schwarze große Tasche.

Monika brachte mich wie versprochen mit dem Auto zu der Stelle, wo ich in Richtung Freiburg trampen konnte. Auf Wiedersehen und danke für alles. Bin gespannt wie es weitergeht viel Glück sagte Monika ich glaube nicht, dass ich Dich je wiedersehe. Dann war sie verschwunden und fuhr heim, ich stand mit Hazel da und trampte. Ein Mann mit einem grünen Mercedes hielt an und fragte mich wohin. Freiburg, sagte ich. Kannst einsteigen, der Hund nach hinten und die Tasche auch. Danach setzte ich mich auf den Beifahrersitz und machte die Tür zu. Der Fahrer fragte mich, ob ich dort Jemanden besuchen will. Nein, ich habe keine Unterkunft. Er wollte wissen, wo ich davor geschlafen hatte. Ein paar Tage hatte mich eine Frau aufgenommen. Weil der Mann eine Zigarette anmachte, fragte ich ob ich rauchen darf. Ja, da vorne ist ein Aschenbecher. Wie kommst du in so eine Situation? Meine Mutter hat mich rausgeschmissen, erwiderte ich da bin ich gegangen, weil sie so viel rumgeschrien hat. „Wo willst du hin?", fragte er. Irgendwo im Stadtzentrum von Freiburg und dann weitersehen sagte ich. Dann fragte er mich endlich nichts mehr sondern meinte er sei geschäftlich unterwegs und würde mich im Zentrum absetzten.

Nach etwa einer Stunde sagte er wir sind gleich da und in der Nähe einer Parkanlage kannst du mit dem Hund spazieren gehen. Er hielt an und holte meine schwarze Tasche vom Rücksitz. Ich holte von der anderen Seite Hazel aus dem Auto. Er gab mir die Tasche, wünschte mir viel Glück. Ich bedankte mich fürs Mitnehmen. Danach fuhr er weg. Wir liefen in die schön angelegte Parkanlage bis zu nächsten Bank, um mich hinzusetzen. Erst einmal einen Schluck Limonade und eine Zigarette nebenbei schaute ich auf die Leute, die an mir vorbei rannten. Hazel braucht auch Wasser. Ich fragte eine Person nach Wasser. Da vorne hat es einen Brunnen für den Hund. Ich nahm meine Tasche, holte einen leeren Mac Donalds Becher aus dem Papierkorb und lief zum Brunnen da hatte es auch Bänke stellte meine Tasche drauf und holte im Becher für Hazel Wasser. Sie hatte auch ganz schönen Durst. Wir setzten uns in den Schatten es war Mittag und ganz schön warm. Bis ein Mann, im mittlerem Alter mit einer schwarzen Promenadenmischung, auf uns zukam. Die Hunde beschnupperten sich schwänzelnd. Er fragte mich, was ich hier mache mit der Tasche, ob ich wüsste, wo ich schlafen kann. Er würde in einem Obdachlosenasyl, wo es auch Essen gibt, arbeiten, nicht soweit weg von hier.

Er meinte, ich könnte mitkommen zu ihm in die Wohnung und auch bei ihm meine Tasche lassen ja sagte ich. Er trug mir die Tasche und wir liefen eine Zeit lang, dann kamen wir an ein altes Haus. Da wohne ich, komm mit Treppen 2 Stock er schloss die Haustür auf typisch 3 Zimmer-Altbauwohnung. Er zeigte mir seine Wohnung, ein Sofa auf dem ich übernachten kann und stellte meine Tasche daneben. Ich weiß, wo es hier in der Nähe Mittagessen umsonst gibt und Kaffee. Hast du Hunger? Ja, sagte ich. Dann müssen wir gleich los, sonst bekommen wir nichts mehr und legte seinen Hund an die Leine. Hazel war noch angeleint und wir machten uns auf den Weg. Wir waren noch nicht weit gelaufen, da standen auf einmal vor einem Hauseingang viele Leute. Alle warten sie darauf, dass die Essensanlaufstelle öffnet, um 13 Uhr, meinte meine Begleitung. „Wie heißt du?", fragte er mich. Ich heiße Werner. Ich anwortete: „Cathrin ist mein Name. Jetzt hatten wir uns einander vorgestellt. Endlich ging die Tür auf und eine Menge Leute gingen rein drinnen waren viele Tische Stühle und eine Theke, hinter der sich eine lange Schlange Menschen gebildet hatte. Wir reihten uns an die Schlange die Hunde kurz bei Fuß. Es dauerte lange bis wir endlich dran kamen sie fragten, was ich will und zeigten auf die Töpfe Kartoffel, Gulasch und Erbsen mit Karotten antwortete ich. Eine Hand den Teller in der anderen die Hundeleine suchten wir uns einem freien Platz an einem Tisch. Werner fragte, ob ich Durst habe und holte zwei Gläser Mineralwasser stand auf dem Tisch man konnte sich einschenken das tat ich auch Werner und mir. Das Essen schmeckte vor allem die Soße und wir aßen unsere Teller leer. „Magst du noch Kaffee?", fragte Werner. Ja gerne. Ich hielt seinen Hund und er holte Kaffee. Milch und Zucker standen auf dem Tisch. Ich machte mir welchen rein. Nach dem Essen sind wir zu Werner in seine Wohnung gegangen. Ich habe ein paar geeignete Reste Fleisch in einer Plastiktüte für Hazel mitgenommen, um sie Ihr unter das Hundetrockenfutter zu mischen. Werner musste seinen Hund festhalten, dass Hazel ihr Futter alleine fressen konnte. Sein Hund hatte schon Futter gehabt, heute außerdem einen Wassernapf für Hazel hinstellen. Sie frisst Ihr Trockenfutter lieber mit Essensreste vermischt. Wieder die gleichen Fragen wie lange ich schon herum fahre. Seit ein paar Wochen antwortete. Was willst du machen, wenn es kalt wird. Im Sommer geht es noch, aber es wird auch Winter? Ich hoffe, dass ich bis dahin eine Unterkunft gefunden habe. Mit Wohnungen ist es gar nicht so einfach und ohne Arbeit dürfte es schwer für dich werden. „Die Stadt hätte zwar Zimmer, so etwas wie Notunterkünfte.", sagte Werner, aber Hunde würden die nicht nehmen. „Du kannst erst einmal bei mir bleiben, im Moment habe ich Urlaub, da habe ich Zeit für dich. Du kennst dich hier sicher nicht aus und ich kann dir in Freiburg einiges zeigen, damit du dich auskennen lernst.", meinte

Werner. Erst zeige ich dir meine Küchenschränke, dass du dir ein Glas oder Teller holen kannst. Kaffee habe ich fast immer daheim. „Kaffee trinke ich besonders gerne.", sagte ich. Da sehe ich eine Filterkaffeemaschine stehen daneben. Du kannst dir ruhig Kaffee machen, Zucker ist im Hängeschrank und Milch im Kühlschrank, wenn du duschen willst ich zeige dir die Dusche. Erst tranken wir nochmal Kaffee. Werner war auch Raucher deshalb durfte ich in der Wohnung rauchen. Duschen würde ich auch gerne. Kannst du gleich. Erst holte ich mir eine frische Jeans, Unterhosen und einen Pulli kurzärmelig aus meiner Tasche. Handtücher Waschlappen habe ich nicht dabei? Kann ich dir geben Seife und Shampoo ist in der Dusche. In Ordnung dann dusche ich gleich und ging in die Dusche, zog den Vorhang zu und drehte das Wasser auf wusch mir das Haar und den ganzen Körper. Danach trocknete ich mich ab und zog mich an, ging zu Werner fragte ihn: „Wohin mit den nassen Handtüchern?" Die kannst du hier auf den Wäscheständer hängen. Im Bad sind Aufhänger, wenn sie trocken sind kannst du sie da hinhängen. Deine dreckige Wäsche kann ich mit meiner waschen. Blos habe ich hier keine Waschmaschine. Im Essenstreff gibt es Waschmaschinen, wo man waschen kann. Langsam wurde es dunkel und Werner meinte, dass die Hunde heute Abend noch Gassi müssten. Also liefen wir wieder los ich weiß eine schöne große Wiese wo du Hazel frei lassen kannst sein Max lief meistens ohne Leine. Ich habe Werner gleich gesagt, dass Afghanen leider schlecht hören und ich meinen Hund einfangen muss. Aber frei läuft sie auch gerne und spielt gerne mit anderen Hunden. Außerdem ist sie noch kein Jahr alt, Max ist schon 3 Jahre alt und hört gut, solange er keine läufige Hündin in den Belegschaftstagen riecht du hört kein Rüde.

Endlich war die Wiese erreicht und Hazel durfte frei laufen. Sie hat Max gleich zum Spielen aufgefordert und beide rannte ein bisschen herum. Bald hatte Max keine Lust mehr, da kam ein Junger weißer Schäferhund auf unsere Hunde zugelaufen. Sie verstanden sich alle und spielten. So kann sich Hazel mal wieder austoben, aber als ich sie anleinen wollte, kam sie nicht 10. Rufen zwecklos wir müssen schauen sie irgendwie zu fassen zu bekommen meinte ich zu Werner. Es dauerte eine ganze Zeit biss ich sie am Halsband schnappen konnte so einen Hund, der nicht hört, will ich nicht meinte Werner. viele wo wollen so einen nicht das habe ich 100mal gehört seit ich Hazel habe. So schön sie ist, aber hören war oft sehr schwierig sie an die Leine zu bekommen.

Wir gingen zurück in Werners Wohnung es war schon ziemlich spät und war müde. Wir haben noch ein wenig gesprochen danach Zähne geputzt und Werner gab mir einen Schlafsack und ein Kissen zum Schlafen auf dem Sofa. Noch eine Zigarette und ein Glas Limonade zum Trinken danach sagte Werner Gute Nacht und ich auch war froh nicht mehr reden zu müssen, weil es ganz schön anstrengend ist und oft immer wieder das Gleiche.

Die Hunde hatten sich einen Platz auf dem alten Teppichboden gesucht und schliefen bereits. Ich lag wie immer lange wach neue Umgebung von Werner im Schlafzimmer hörte ich nichts mehr wahrscheinlich eingeschlafen. Man hörte von Oben Geräusche, Walter anscheinend nichts. Ich bin gespannt wie lange es mit Walter gut geht, meistens wollten die meisten Typen Sex von mir aber ich nicht deshalb musste ich mehrere verlassen. Ich wollte nicht einfach mit jedem ins Bett. Mein damaliger Freund war in Haft schon längere Zeit. Einen Brief hatte ich ihm geschrieben, aber welche Adresse sollte ich ihm angeben? Ständig wechselte Unterkunft, einfach ist das auf Dauer nicht aber was soll ich machen? Irgendwann bin ich trotz vielen Nachdenken und schon wieder neuer Unterkunft eingeschlafen.

Am nächsten Morgen wachte ich auf, hörte dass Walter in der Küche war, er hatte Kaffee gemacht. Ich habe mich schnell angezogen und kam zu ihm in die Küche. „Guten Morgen gut geschlafen fragte er mich?" „Nicht so gut.", antwortete ich, „die erste Nacht schlafe ich selten gut." Magst du eine Tasse Kaffee? Ja, gerne war meine Antwort und drehte mir eine Zigarette dazu zündete sie an. Ich brauche heute Tabak Blättchen und eine Packung Hundefutter. Wo kann man hier einkaufen gehen? Werner sagte: „Wir müssen bald mit den Hunden Gassi gehen. Ich brauche Kaffee und Brot. Hunde anleinen dann liefen wir los. Werner zeigte mir erst eine geeignete Stelle für die Hunde seinen Max hatte er meistens abgeleint. Ich habe Hazel besser an der Leine gelassen, weil sie schlecht auf Kommando hört, leider. Danach gingen wir Betonwege Richtung Einkaufswege. der Penny ist hier am Nähsten. Ich sah noch mehr Einkaufsläden gerade aus so ein kleines Einkaufszentrum. Die Hunde können wir draußen anbinden aber es ist besser, wenn einer von uns bei den Hunden bleibt wegen Hazel da schauen einige Leute besonders drauf. Hier wären schon Rassehunde geklaut worden. Also ging ich zuerst rein in den Lebensmittelladen, holte Vitaminsaft und Hundefutter. Nach mir ging Walter in den Laden. Er meinte, Max würde nicht mitgehen wegen ihm. Promenadenmischung braucht er sich keine Sorgen zu machen aber auf meinen Afghanischen Windhund müssten wir gut aufpassen. In dem Tabakladen habe ich Hazel mitgenommen, wenn sie keine Lebensmittel verkaufen kann man Hunde mit rein nehmen. Wo wir alles eingekauft haben, machten wir uns auf den Rückweg die Sachen in Werners Wohnung bringen. Wenn wir uns beeilen, bekommen wir noch im Treff Mittagessen, deshalb sind wir gleich hingelaufen. Wieder standen viele Leute davor diesmal war schon geöffnet.

Wir mussten uns nur in die Schlange einreihen. „Meistens haben sie gutes Essen.", sagte Werner. Es rentiert sich hier hinzugehen. Hühnerklein mit Soße und Reis schmeckte mir auch diesmal gut, danach gingen wir wieder in Werners Wohnung. Ich bringe die Wäsche weg im Einkaufswagen und komme bald wieder. Ich machte für uns noch eine Kanne Kaffee, lüftete die Wohnung und wusch das Geschirr ab. Es dauerte etwa zwei Stunden, dann kam Werner mit der Wäsche zurück. Sie ist fast trocken.", meinte er. „Danke.", sagte ich und legte meine wenigen Sachen über einen Stuhl zum Trocknen. Seine Klamotten hing Werner auf einen Wäscheständer. Die Zeit ging schnell um, wir redeten sehr viel über sämtlich Sachen. So lange man sich gut versteht, klappt es noch, was meistens ein paar Tage hält, irgendwann ist es nicht mehr so interessant. Es war schon wieder Abendzeit nochmal mit den Hunden Gassi zu gehen. Wir gingen wieder auf eine Wiese, noch weiter wo ein Bach geflossen ist. Werner hat Stöcke ins Wasser geworfen und Max hat sie aus dem Wasser geholt. Hazel wollte nicht schwimmen höchstens Wasser trinken. Es gingen einige Leute mit Hunden spazieren, manche abgeleint. Ein irischer Setter lief auf Hazel zu. Sie hat gleich mit ihm gespielt auch Max begrüßte er auf Hundeart. Meine Hündin hat sich mit allen Hunden vertragen und am Liebsten gespielt Max wollte nicht mehr so viel mit anderen Hunden spielen mehr mit seinem Besitzer das Stöckchen hol Spiel. Dann noch eine Frau die auf Abstand mit Ihrem Terrier von uns gelaufen ist Hund angeleint. Immer wieder holte Max Stöckchen aus dem Wasser trotz ziemlich starker Strömung und wurde leicht ab getrieben. Ich fand es blöd von Werner sagte aber besser nichts mit meinem Hund hätte ich es nur da gemacht, wo die Strömung nicht zu stark ist. Wir liefen noch ein ganz schönes Stück gerade aus danach einen Bogen und langsam zurück in Werner seine Wohnung.

Wir machten Kaffee rauchten und redeten über viele Sachen Werner sagte ich könnte bei ihm bleiben, aber ich wusste nicht, was er nach einigen Tagen wollte. Wieder war ein langer Tag vorbei und wir legten uns jeder in sein Bett gute Nacht Werner erwiderte das Gleiche.

Am Morgen tranken wir wie immer Kaffee und rauchten dazu meine freien Tage sind bald vorbei dann muss ich morgens wieder arbeiten meinte Werner.

Wir machten einen Spaziergang am Bach wo Werner wieder Max ins Wasser jagte mit Stöckchen Hazel trank Wasser aus dem Bach. Danach gingen wir essen, auf dem Heimweg fiel mir auf, Hazel Durchfall hatte. „Hoffentlich hat sie keine Parovirose.", habe ich gesagt. Sie ist zwar 7Fach geimpft aber Ihre Züchterin hatte trotz Impfung Parovirose in Ihrer Zucht. Werner sagte, bestimmt vom Bachwasser, was auch möglich wäre. Wir gingen zu ihm in die Wohnung. Ausgerechnet jetzt wollte er Sex, aber ich nicht. Ich habe gesagt, ich hätte meine Tage. „In Ordnung, dann ein andermal.", meinte er. Ich habe gedacht, da kann ich nicht mehr lange bleiben, außerdem musste er morgen wieder arbeiten. Die eine Nacht, dachte ich, morgen wenn er weg ist, haue ich ihm ab, weil ich mit ihm keinen Sex wollte. Der Rest des Tages ging vorbei, abends musste ich mit Hazel noch einmal kurz raus da sie immer noch Durchfall hatte, bekam sie kein Futter. Den nächsten Morgen als ich aufwachte war Werner nicht da. Gute Gelegenheit meine Sachen zu packen und mit Hazel ab zu hauen. Sie hatte in Werners Wohnung gemacht, normalerweise hätte ich es weggemacht, aber ich wollte Werner nicht mehr gerne begegnen.

Deshalb bin ich gleich mit Hazel gegangen, so weit weg wie ich konnte. Meinen Hund wollte ich vorsichtshalber zum Tierarzt bringen. Ich erkundigte mich bei anderen Hundebesitzern, wo der nächste und billigste ist. „Eine Stunde zu laufen.", meinte eine Dackelbesitzerin und schrieb mir Straße und Hausnummer auf. Da vorne links dann gerade aus ich könnte nochmal jemanden fragen. Ich bedankte mich lief weiter mit Hazel Betonweg. Unterwegs habe ich nochmal jemanden fragen müssen. Es ist oft das reinste Durchfragen, aber solange man ehrliche Auskünfte bekommt, lässt sich der Tierarzt finden. Zum Glück hatte ich 100 € reserviert, falls ich mit Hazel zum Tierarzt müsste, was heute zutraf. Wir gingen rein und wurden gefragt, was die Hündin hätte. Ich sagte: „Durchfall, hoffentlich keine Parovirose."

Gehen Sie bitte ins Wartezimmer ich sage dem Arzt Bescheid und werde Sie aufrufen. Im Wartezimmer saßen schon 3 Leute mit einen Katzenkorb darin saß eine Katze eine Kiste wo auch eine Katze saß und eine Frau mit einem Mops.

„Was für ein schöner Hund?", sagte die Frau, „Wie heißt die Rasse? „Afghanischer Windhund.", erwiderte ich. „Was hat er denn?", fragte sie. „Durchfall, hoffentlich keine Parovirose.", meinte ich. „Drück dir die Daumen, dass es eine Darminfektion ist. Meiner muss bloß geimpft werden.", sagte die Frau. Dann kamen die Katzen dran. Es dauerte etwa halbe Stunde anschließend wurde der Mops ins Behandlungszimmer gerufen. Endlich kam der Mops wieder raus und wir wurden rein gerufen. Ich musste wieder die große Tasche mitschleppen und noch die Umhängetasche. Ich habe dem Tierarzt gleich gesagt, dass ich nicht so viel Geld habe und ohne festen Wohnsitz bin. „Was hat der Hund?", fragte er. Durchfall, hoffentlich keine Parovirose. Ich musste Hazel auf den Tisch stellen, sie war nicht das erste Mal beim Tierarzt und verhielt sich ruhig. „Nach Parovirose sieht es nicht aus.", sagte der Tierarzt, „Ich gebe ihr Kohletabletten gegen den Durchfall und eine Spritze dann ist sie fertig. Was kostet die Behandlung? „40 €.",erwiderte der Tierarzt und gute Besserung auf Wiedersehen sagte ich und wir konnten endlich die Praxis verlassen Hazel wollte gleich zum Ausgang. Wir mussten ein ganz schönes Stück laufen, bis wir wieder in einer Art Park waren und konnten uns wieder auf eine Bank setzen. Ich hatte Durst, ein bisschen Mineralwasser hatte ich noch, dann fing ich mal wieder an zu betteln. Ich hatte Hazel schon eine Tablette gegeben, mit ihr konnte ich nicht trampen, solange sie Durchfall hatte. Eine Frau gab mir 10 €. Ich erzähle ihr, dass Hazel Durchfall hatte. Sie brachte ihr sogar Schwarztee, den sie nicht mochte, Wasser lieber. Nicht weit von mir entfernt war ein Imbiss, wo ich mir Pommes mit Ketchup holte. Sonst schonten wir uns, da wir ganz schön weit gelaufen waren. An uns liefen viele Leute vorbei. Ein Mann gab mir nochmal 5 €. Irgendwann kam ein junger Mann und fragte was ich hier machen ich erklärte Ihn meine Situation er zündete sich eine Zigarette an und gab mir auch eine. Ein paar Tage könntest du zu mir kommen, wenn du willst. Was soll ich sonst anderes machen, irgendwo musste ich hin. Heute Nacht in Ordnung. „Ist es weit zu laufen?", fragte ich. „Stunde schon.", meinte er, der sich als Markus vorstellte. Jetzt wussten wir wieder, wohin wir laufen mussten. Markus erzähle mir, dass er Drogen nimmt. Ich hatte zwar lange nichts genommen, würde aber auch einiges kennen sagte ich ihm und dass mein Freund schon länger wegen Haschisch in Haft wäre. Wir liefen los zu seiner Wohnung da konnte ich wenigstens meine schwarze Tasche abstellen. Ich sagte ihm noch, dass ich mit meiner Hündin beim Tierarzt war, weil sie Durchfall hatte und Kohletabletten einnehmen muss. „Ich löse dich ab beim Tragen deiner Tasche.", sagte Markus. Gerne ich schleppe sie schon die ganze Zeit durch die Gegend. Es war richtig entspannend ohne die große Tasche laufen zu können, wie weit ist es noch fragte ich? Wir könnten uns hinsetzen und eine Zigarette rauchen meinte Markus bot mir eine Zigarette an und ich trank etwas, überlegte wo ich für Hazel Wasser herbekommen könnte. Fragte Markus, der meinte bei mir in der Wohnung, am besten laufen wir weiter. Nicht mehr weit wir sind bald da erklärte Markus links und ein Stück gerade aus. Dann kamen wir an Altbauwohnungen, wo der Vorhof ziemlich dreckig aussah. Zwei Stockwerke hoch da habe ich eine 1-Zimmerwohnung. Er schloss die Tür auf, ich sah gleich, dass es nicht besonders aussah bei Markus in der Wohnung. Er gab Hazel eine Schüssel

Wasser sie hatte ganz schönen Durst. Es war kein Essen und nichts da noch nicht einmal Kaffee. Ich würde gerne Kaffee trinken und Mac Donalds ist nicht weit von meiner Wohnung entfernt. Ich habe heute nicht viel Geld, wir können später betteln gehen, mit dem schönen Hund bekommen wir bestimmt etwas. Ich lebe vom Sozialamt Ende des Monats habe ich kaum Geld. Ich auch nicht, ich habe 40 € für den Tierarzt zahlen müssen. Aber für einen Kaffee im Mac Donalds langt es noch. Ich hatte zwar noch Geld, eine eiserne, aber davon sollte Markus nichts wissen, falls Hazel Tierarzt braucht. Ich ging rein und holte mir Kaffee. Er wartete mit Hazel draußen. Wir setzen uns hin und ich drehte eine Zigarette seine waren schon fast leer trank meinen Kaffee. Ich weiß einen guten Platz zum Betteln in der Nähe sagte Markus. Wir setzen uns im Einkaufszentrum auf den Betonboden und bettelten. Nach einiger Zeit hatte ich 10 € wegen Hazel, sie braucht Futter. Markus 5 € zusammen. Ich ging in den Kaiser und holte Hundetrockenfutter, verpackte es in meiner Umhängetasche. Markus holte Zigaretten, gab mir Hazel wieder und ich habe ihr etwas Trockenfutter gegeben. Sie hatte nach den Fastentag besonders Hunger. Markus sagte das er so was ähnliches wie LSD hatte ob ich die Hälfte wollte und ob ich schon mal genommen hatte. Ja sagte ich wenn sie nicht zu stark dosiert und experimentiert sind. Ich habe schon probiert und sie gehen nicht zu stark und teilte einen Mikrotrip in zwei Hälften dann schluckten wir sie.

Nach etwa einer halben Stunde merkte ich langsam die Wirkung im Anlaufen.

Ich merke wie eine Gänsehaut unter dem Haar dann wirkt alles intensiver die Farben es ist ein angenehmes

Gefühl aber ich wollte weg von dem Stadtzentrum dahin wo nicht viele Leute sind, das habe ich Markus gesagt und wir gingen zu ihm in seine Wohnung. Etwa eine Stunde war nach Einnahme um wir waren ganz drauf die Treppen im Hausgang kamen mir endlos lang und steil vor. Markus schloss die Tür auf und machte Musik an, Rory Gallagher. Die Musik hört sich besonders deutlicher und viel genauer an. „Wirkt das auch 24 Stunden?", fragte ich Markus. „Ja," meinte Markus, „sehr lange Zeit." Hazel hat von mir noch eine Kohletablette bekommen und es war kein Durchfall mehr aufgefallen.

Als es noch dunkler wurde, fragte ich Markus, wo man am besten mit einem Hund Gassi gehen kann. Wiese oder Waldweg ist? Ich kannte mich hier kaum aus. Waldweg erwiderte Markus komm mit ich zeige dir wo wir liefen los ein Stück Betonweg dann sahen wir Bäume, die wie lebendig wirkten. Es sah nach einem Waldweg aus alles viel intensiver in meinen Wahrnehmungen.

Eine Frau kam mit einem Schnauzer an der Leine, der Hazel begrüßen wollte und zu ihr zog Rüde oder Hündin fragte sie Hündin erwiderte ich da verträgt er sich mit und lies ihn schnuppern. Es war alles ganz anders wie sonst. Markus gab mir die Hand, ich lies ihn und wir gingen zu ihm. Als er mich küssen wollte, lies ich ihn. Er war erst meine zweite Affäre, die ich hatte. Ich habe ihn gelassen, obwohl ich wusste, dass es mit ihm nicht lange geht. Wir lagen zu zweit in seinem Bett. Streicheln und kuscheln, da vergehen Stunden wie nichts. Wir konnten auch die ganze Nacht nicht schlafen LSD wirkt 24 Stunden. Bis der Trip sich abbaut sind es immer wieder Wechsel zwischen drauf sein und Abbau vom Trip. Du bist einerseits Todmüde kannst aber nicht schlafen es kann lange dauern bis man wieder schlafen kann. Essen kann ich da nicht viel Markus hatte noch ein bisschen Brot mit Fleischwurst da und Nescaftee, löslicher Kaffee in Kleinverpackung. Auf den Kaffee habe ich mich besonders gefreut, ich habe gedacht er hätte nichts daheim. Es kann auch sein, dass er es irgendwo organisiert hat, denn Klopapier hat er auch organisiert. „Eigentlich habe ich noch einen Typ aufgenommen, aber der hatte Gürtelrose und wäre im Krankenhaus. wird aber wieder kommen.", meinte Markus. Wir waren zwar noch müde, aber Hazel musste kurz Gassi gehen und wir gingen mit Ihr raus gefüttert hatte ich sie vorher noch Kohletablette auch gegeben.

Wir waren froh, wieder im Bett zu liegen und endlich einschlafen zu können.

Da Gürtelrose ansteckend ist aber nur für Erwachsene, die als Kinder keine Windpocken hatten, brauche ich mir keine Sorgen zu machen, weil ich als Kind Windpocken hatte.

Bis Markus und ich wieder wach wurden, war Später Mittag und es klingelte der andere Typ kam wieder mit Schlafsack und wollte sich hinlegen er wäre müde. Da würde ich nicht mehr lange bleiben können, höchstens bis morgen, es wird zu eng, dachte ich. Es war schon spät abends und wir gingen noch mit Hazel spazieren. Markus erwähnte, dass er Drogen kaufen will, wenn er sein nächstes Geld bekommt. Ich habe gesagt, dass ich morgen fahren will, weil es doch ziemlich eng wird mit dem anderen Typ in einer 1 Zimmerwohnung.

Markus hat mir gesagt, dass er den Typ nicht raus schmeißen kann, da er ihm versprochen hat, er könne wieder kommen.

Es dauerte nicht lange, da machte Hazel ihr großes Geschäft und wir konnten zurück laufen. Ich kann uns morgen früh ein paar Brötchen holen, bevor du gehst und Portionen Kaffee und Marmelade habe ich noch. Ich gab Markus noch 3 € für Portion Kaffee. Wir legten uns wieder in Markus sein Bett schliefen bald ein.

Den nächsten Morgen hielt Markus sein Versprechen und wir frühstückten Brötchen mit Marmelade Erdbeere und Kaffee. Die Tasse und einen Teller musste ich mir selber abspülen, denn es stand ein Berg voll nicht abgewaschenen Geschirr. Hazel hatte keinen Durchfall mehr. Wir verabschiedeten uns, gingen da wurde es mir zu eng und dann noch der andere Typ mit dem Schlafsack.

Wieder überlegen wohin am besten Freiburg verlassen aber in welche Richtung trampen? Bis ich an einer geeigneten Stelle war zum Trampen, lief ich etwa halbe Stunde Richtung Offenbach. Ich war froh, endlich die schwere Tasche abstellen zu können und etwa trinken für Hazel hatte ich auch einen Becher dabei und einen halben Liter Wasser. Erst trank Hazel dann ich und konnte endlich eine Zigarette drehen und rauchen. Wir stehen seit zwei Stunden an der Straße und warten. Noch kein Auto was hält, manchmal kann man bis zu vier Stunden stehen. Als endlich ein blauer Opel hielt und fragte wohin erwidert ich egal Hauptsache hier weg. Steigt hinten ein, vorne stand ein großes Paket auf dem Sitz, deshalb war kein Platz mehr. Es sieht so aus als wüstest du nicht wohin? „Ja, leider.", sagte ich. Wie lange stehst du schon, war die nächste Frage. „Mindestens drei Stunden.", antwortete ich. „Nicht so gut.", meinte der Fahrer, „wenn du willst kannst du ein paar Tage zu mir kommen. Ich habe gerade Urlaub. Ja, erwiderte ich gerne. Damit war mein Problem wieder für die nächste Zeit gelöst. Der Autofahrer stellte sich als Andy vor ich mich als Cathrin meinen Hund als Hazel. Was ist das für eine schöne Hunderasse Afghanischer Windhund war meine Antwort hast du heute schon gegessen die nächste Frage? Nein war die Antwort. Ich auch nicht sagte Andy hast du Lust mit mir Essen zu gehen. So eine Frage, natürlich gerne ich kenne eine gute Wirtschaft, nicht weit zu fahren war Andys Idee, gute Idee was gibt es da zu Essen?

Das steht auf der Speisekarte. Ich muss hier einen Parkplatz finden, war Andys nächstes Wort da vorne ist ein freier Parkplatz Andy parkte ein.

Wir stiegen aus und gingen in die Wirtschaft sind Hunde genehmigt fragte ich denke schon frage vorher dann wissen wir genau Bescheid Andys Idee.

Wir gingen in den Anker, sind Hunde genehmigt fragte Andy das ist ja ein Afghane so einer schon Antwort vom Wirt.

Wir setzten uns an einen freien Tisch, bald war die Speisekarte da. Ich war neugierig und schaute gleich. Kaiserschmarren las ich, das mag ich gerne. Andy sagte hast du schon ausgesucht ich habe was ausgesucht ja und zeigte es ihm auf der Speisekarte er bestellte.

Meine Freundin ist ein paar Tage nicht daheim, aber sie hat nichts dagegen, dass ich dich mitnehme für ein paar Tage. Nach dem Essen gingen wir zu Andys Auto, stiegen ein und fuhren weiter. Es ist nicht mehr weit, meinte Andy wir sind bald da. Andy parkte das Auto und wir stiegen aus. Es sah diesmal nach Neubau aus wir liefen in den 2 Stock Andy schloss auf. Schöne aufgeräumte saubere 3-Zimmer Wohnung das ist das Bett Andy zeigte mir ein Doppelbett, aber du brauchst nichts zu denken ich will nichts von dir wir liegen weit auseinander. Deine Tasche kannst du hier irgendwo hinstellen, Balkon zum Rauchen und zum Kühlschrank kannst du ruhig gehen, wenn du was magst. Sonst kannst du dich hier wie Zuhause fühlen. Sieht alles gut aus, aber mein Hund muss noch Gassi gehen sagte ich. Wir gehen am besten zusammen da du dich hier sicher nicht auskennst und ich zeige dir wohin man hier laufen kann. Am besten sind Wald und Wiesengelände für einen Hund zum Scheißen und Pinkeln geeignet. Das habe ich mir schon gedacht hier runter geht es in Richtung Wald kannst du den Hund frei laufen lassen fragte Andy leider nicht so einfach heute besser nicht Afghanen hören nicht gut, sind eher mit Katzen vergleichbar, die hören nur wenn sie wollen. Ich fahre gerne Motorrad, wenn du Lust hast ich habe noch einen Helm für dich. Ich bin schon mal hinten drauf gesessen erwiderte ich ja gerne. Da kann ich mit dir ein paar Touren fahren. Meine Freundin hat immer Angst es würde mir etwas passieren eines Tages.

Mein Hund hatte gerade gemacht und es wurde dunkel und wir gingen in Andys Wohnung. Man sah gleich an der Wohnung, dass eine Frau darin wohnte bei allein stehenden Männern haben die Unterkünfte nie so gut ausgesehen.

Andy gab mir frische Bettwäsche damit kannst du dein Bett frisch beziehen, was ich auch gleich machte. Magst du noch was zu Essen oder Trinken Kaffee erwähnte ich vom Essen noch satt genug. Andy ging an den Kühlschrank und holte Margarine und Wurst raus Brot aus dem Brotkasten im Eck steht eine Kaffeemaschine in den Hängeschränken Filter Kaffee und Zucker. Willst du auch einen Abends nicht mehr erwiderte Andy Tassen stehen daneben im Schrank. Eine Zigarette kannst du auf dem Balkon rauchen dann bleiben die Tapeten weiß die Gardinen auch. Andy ging mit Hazel aus Neugier auch auf dem Balkon stand ein Tisch und Stühle, auch ein Aschenbecher. Wir setzten uns hin, Hazel auf zwei Pfoten über dem Balkongeländer und schaute raus. Da haben wir mal wieder viel Glück gehabt, so langsam wurde ich müde, außerdem wurde es immer dunkler. Nach der Zigarette gingen wir rein ich noch ins Bad Zähne putzen Andy sagte bin ich müde ich auch er zog sich einen Schlafanzug an besser ein langen Pulli anbehalten Unterhosen sowieso. Das Doppelbett war groß genug, man konnte Abstand einhalten und schlief bald ein.

Am nächsten Morgen wurden wir wach, zogen uns an und tranken Kaffee auf dem Balkon und rauchten für Hazel hatte ich eine Schüssel Wasser hingestellt. Dein Hund muss bestimmt raus meinte Andy wir machten uns fertig ich legte Hazel an die Leine. Wieder auf dem Waldweg traf Hazel einen Boxer, den sie schwänzelt begrüßte die Hundebesitzerin schlug vor die Hunde auf einer Wiese ab zu leinen damit sie sich austoben können. Ich sehe keine Wiese noch 10 Minuten gerade aus erwiderte die Besitzerin von dem Boxerrüden der ist erst 1 Jahr alt sehr verspielt meine noch nicht ganz ein Jahr alt. Die zwei Hunde tobten auf der Wiese herum. Wir standen da und schauten den Hunden zu. Der Boxerrüde wollte Hazel ans Hinterteil, sie werte ihn ab, indem sie sich drehte. Meine Hündin war noch nicht läufig gewesen Afghanen sind erst mit zwei Jahren erwachsen. Nach etwa einer Viertel Stunde wurde der Boxer gerufen. Er hat seine Besitzerin gleich gehört. Als ich Hazel gerufen habe, hört sie nicht und wir müssen sie irgendwie am Halsband oder Schwanz geschnappt bekommen. Als Hazel zum Boxer lief, hat die Besitzerin sie am Halsband festhalten können ich bin gleich hingerannt und habe sie an die Leine gelegt. Wir liefen zurück, trennten uns, als wir ins Wohngebiet kamen und Häuser sahen. Andy wollte zur Wohnung zurück also gingen wir wieder zu ihm in die Wohnung. Dort angekommen fragte Andy ob ich mit ihm Motorrad fahren will und Hazel fragte ich sie kann ja solange wir fahren hier warten.

Sie ist noch nicht 100 Prozent stubenrein macht nichts meinte Andy und gab mir einen Motorradhelm, das ist der, aber du musst einen aufsetzen leider Vorschrift. Ich zog ihn auf, natürlich zu groß, das macht nichts Hauptsache du hast einen auf Jacke an auf dem Motorrad ist es sehr windig. Soll ich Tabak einstecken nein du kannst von mir rauchen Geld und Zigaretten habe ich dabei, was ist wenn Hazel bellt? Das ist nicht so schlimm ich erfahre es von meiner Nachbarin und wir gingen die Treppen runter zu einer verschlossenen Garage, wo Andy das Motorrad rausholte.

Setz dich zuerst hinten drauf und den Helm aufziehen. Ich bekam ihn schwer zu, Andy half mir. Dann setze er sich vorne drauf. Da kannst du die Füße hinstellen, ich fahre langsam los, gut Festhalten hinten oder an mir. Und es ging los. Ich bin schon öfter bei jemanden mitgefahren empfinde es ganz angenehm hinten drauf zu sitzen Führerschein habe ich keinen. Nach einer Zeit hielt er an und wir gingen in eine Wirtschaft was trinken und essen. Es war schon später Mittag, wir fahren noch ein bisschen und danach heim. Nachdem die Beine durch Laufen etwas vertreten hatten, ging es endlich zurück zu Hazel. Ich war gespannt, ob sie brav gewesen war. Im

Hausgang oder an der Haustür war nichts zu hören, als Andy aufschloss, kam sie uns entgegen wedelte leicht mit dem Schwanz als wollte sie sagen bin froh, dass ihr wieder da seid.

Ich muss sie noch füttern. Es ist nicht mehr viel Trockenfutter da, stellte ich fest. Ich muss auch noch einkaufen sagte Andy willst du mit oder soll ich dir etwas mitbringen? Lieber Hundetrockenfutter mitbringen sonst ist Hazel wieder alleine und Tabak? Welches Hundefutter und was für einen Tabak? Gebe mir bitte einen Zettel dann schreibe ich auf Außerdem die genaue Adresse von Hier falls ich mich verlaufe wenn ich alleine gehe.

Endlich mal alleine in der Wohnung habe mir Kaffee gekocht und auf dem Balkon eine Zigarette geraucht Hazel den Rest vom Hundefutter gegeben. Danach habe ich Hazel auf dem Balkon gebürstet, damit sie sauber gepflegt aussieht. Andy war schon fast zwei Stunden weg, er hat bestimmt Leute getroffen, die er kennt, kam mir in Gedanken, und unterhält sich lange.

Da hörte ich wie die Tür aufgeschlossen wurde und sah Andy hoffentlich habe ich dir das Richtige mitgebracht fragte Andy nach einem kurzen Blick erwiderte ich ja danke. Es hat deshalb so lange gedauert weil ich noch in einer Autowaschanlage war außerdem habe ich noch Bekannte getroffen. Für Hazel habe ich noch einen Büffel Haut Knochen mitgebracht damit sie sich nicht langweilt wenn sie alleine ist gute Idee da freut sie sich bestimmt.

Es ging schon wieder auf Abend zu und es wurde dunkel, aber einen Spaziergang mit Hazel werde ich heute Abend noch machen müssen später. Andy machte den Fernseher an und schaute Fußball. Ich auch, obwohl mich

Fußball nicht interessiert. Nach einer Weile fragte ich Andy ob er mit nach draußen gehen will mit Hazel oder lieber Fußball? Fußball, war die Antwort, du kannst ja den Schlüssel mitnehmen, das du nicht klingeln brauchst. Ja und am besten nehme ich die Adresse auch noch mit, weil ich einen schlechten Orientierung habe bis später. Wir Hazel und ich liefen die Treppen runter danach in Richtung Wald. Es kam ein Mann mit einem Beagle auf uns zu, die Hunde beschnupperten sich Schwanz wedelt. Der Hundebesitzer sagte zu mir bis du neu hier weil ich dich noch nicht gesehen habe Afghanen hat es hier keine sieht man selten. Zu Besuch bei einem Andy, der keinen Hund hat ein paar Tage ich wollte ihm nicht sagen, dass wir obdachlos sind.

    Wir liefen den gleichem Weg und er fragte weiter, woher ich komme. Ich erwiderte, Freiburg. Ich fragte ihm, wie alt sein Hund ist. 4 Jahre schon, dass merkt man weil er nicht mehr so verspielt ist. Damit er mir keine Fragen mehr stellt, muss ich ihm fragen stellen, dachte ich aber er sagte eine ganze Zeit nichts mehr. Da kam noch eine Frau mit einem Collie, der jünger war etwa Hazels Alter und unsere Hunde beide begrüßte. Kannst du deinen Hund ableinen fragte die Frau nicht weit von hier ist eine Wiese. Mein Afghane hört nicht gut, aber mit einem zweiten Hund kann ich es riskieren, damit die Hunde sich am besten austoben können. Wir stellten uns auf die Wiese schauten den Hunden zu. Nach einiger Zeit habe ich Hazel geschnappt und angeleint. Mir langt es für heute Hazel hoffentlich auch und ging mit Hazel zurück in Richtung Andys Wohnung. Es war schon ziemlich dunkel und ich war das erste Mal ohne Andy unterwegs. Den Weg zum Wohngebiet zurück habe ich gefunden, aber das Haus nicht so leicht. Ich musste noch mal fragen. Also erst rechts dann links endlich hatte ich das Haus gefunden und konnte die untere Haustür aufschließen Treppen hoch danach die direkte Haustür, die ich an der Fußmatte erkannte. Warst aber lange unterwegs, empfing mich Andy ja habe für Hazel einen Spielkameraden gefunden. Das Fußballspiel war zu Ende, der Fernseher lief noch es war ein Film darauf der ganz interessant aussah deshalb setze ich mich zu Andy auf das Sofa. „Ganz guter Krimi.", meinte Andy. „Schaust du gerne Fernseher?", fragte er mich habe lange keinen Film mehr gesehen, aber ich schaue schon ganz gerne Fernseher.

Als der Film zu Ende war, machten wir uns fürs Bett fertig, weil es schon spät war und wir müde.

Nächsten Morgen wachten wir früh auf. Kaffee hatte diesmal Andy gemacht ich brauchte mir nur ein zu schenken Milch und Zucker dazu und zum Rauchen auf den Balkon gehen. Wie immer musste mein Hund nach draußen und Andy ging wieder mit. Diesmal gingen wir nur eine kurze Stecken. Ich muss duschen, wenn es geht? Ja, kannst du, wenn wir bei mir sind erwiderte er.

In seiner Wohnung holte ich frische Hose und T-shirt und Slip aus meiner Tasche. Shampoo und Duschgel stand in der Dusche und ein Handtuch lag im Schrank. Nach dem Duschen zog ich mir frische Klamotten an, kämmte mein Haar und cremte mein Gesicht ein. „Hast du dreckige Wäsche?", fragte Andy. „Ja.", erwiderte ich. Ich auch, mache gerade meine 40 Grad Wäsche in die Waschmaschine, da kannst du deine dazu geben. Habe ich getan. Andy schaltete die Waschmaschine ein danach ging ich mit Kaffee und Tabak auf den Balkon.

Willst du eine kurze Motorradtour mit machen? Wir können auf dem Weg im Mac Donalds halten und etwas essen. Dann brauche ich nicht zu kochen sagte Andy. Mir egal, wie du willst. Aber erst muss mein Haar trocken sein. Du kannst ja einen Föhn nehmen, im Bad liegt einer. Obwohl ich mein Haar nicht gerne föhne ging ich ins Bad, um es zu föhnen, damit es schneller trocken ist.

Als ich aus dem Bad kam, brachte Andy mir den Helm fürs Motorrad.

Hazel musste wieder alleine bleiben, aber ich hatte auch Hunger und Mac Donalds war weiter weg. Wir gingen den Hausgang runter zur Garage. Andy holte sein Motorrad raus, half mir beim Helm aufziehen und wir fuhren los.

Am Mac Donalds hielt Andy, stellte das Motorrad ab und wir gingen rein. Für mich ist es immer ungewohnt ohne Hund wo hin zu gehen, normalerweise war Hazel immer bei mir. Drinnen stellte sich Andy in eine lange Schlange. Was willst du? Apfeltasche und kleine Fritten und Kaffee. Da drüben sehe ich einen leeren Platz, ich halte ihn für dich frei sagte ich und setzte mich hin. Es ist oft sehr voll im Mac Donalds. Bald kam Andy mit einem Tablett an den Tisch. Wir aßen unser Essen, danach zündete ich mir eine Zigarette an, damals war rauchen noch überall genehmigt heute überall verboten. Die heutige Zeit wird immer schlimmer, früher war es noch viel besser man durfte viel mehr.

Wir fuhren noch ein bisschen durch die Gegend danach zurück in Andys Wohnung.

Hazel war lange genug alleine in der Wohnung, hatte noch kein Futter bekommen, das musste ich ihr gleich geben. Auf dem Balkon wie immer, sie hatte Hunger, ich habe daneben Zigarette geraucht und Kaffee getrunken.

Andy war im Bad duschen, als er fertig war, machte er den Fernseher an schon wieder Fußball. Ich habe ins Bücherregal geschaut und ein Buch gefunden von Afrikas Ritualen. „Darf ich es anfangen zu lesen?", fragte ich Andy. „Wenn du willst.", erwiderte er. Es handelte von einem Abenteuerbuch, das auf Tatsachen berufen sollte, ganz interessant. Fußball mag ich weniger. Irgendwann muss Hazel noch Gassi aber es war noch zu früh. Bis es langsam dunkel wurde, las ich dann fragte ich Andy, ob er mit raus gehen wollte. Aber er hatte kein Lust zu laufen. Du kannst den Schlüssel mit nehmen. Ich bleibe hier und schaue Fernsehen. Also machte ich mich mit Hazel auf den Weg in die andere Richtung, leider war da nur Betonweg, deshalb drehten wir um Richtung Wald. Vielleicht finde ich noch einen Hund zum Spielen für Hazel?

Aber diesmal fand ich keinen nur einen kleinen Dackel zum Beschnuppern.

Ich dachte, da lasse ich sie lieber an der 8 Meter-Flexileine und laufe noch ein Stück, nicht an die Wiese sondern rechts Herum, wo ich noch nicht war. Ich sah einen Hochsitz, kletterte hoch um mehr zu sehen und sah ein Reh zum Glück war Hazel unten angeleint und hat es nicht gesehen. Ein Afghanischer Windhund rennt jedem Tier hinterher, solange sie es sieht, hört nicht auf Kommandos, kann aber keine Fährten aufnehmen. Windhunde jagen nur mit den Augen, solange sie was sehen. Andere Jagdhunde sind da noch viel schlimmer und können Fährten folgen. Als ich wieder unten war, machten wir uns auf den Heimweg, der noch ein paar Tage unserer war. Ich schloss die Haustür auf, Andy schaute noch immer Fernsehen es war schon wieder dunkel. Weil kein

Sport mehr lief, setzte ich mich noch auf das Sofa und schaute auch Fernseher.

Bald war es wieder soweit und wir gingen Schlafen.

Der nächste Tag als wir Kaffee tranken sagte Andy: „Meine Freundin kommt bald zurück." Was für mich soviel wie wieder gehen heißt. Noch einen Tag dann stehe ich wieder an der Straße und weiß nicht wohin. Wir gingen mit Hazel raus, damit sie Gassi gehen kann, den Waldweg. Dieses Mal sahen wir keine Hunde zum Spielen für meine Hündin. Auf dem Heimweg meinte Andy wir könnten bei ihm Pizza machen. Damit war ich einverstanden. Ich war es gewohnt immer das zu machen was meine Gastgeber wollten.

Wieder bei Andy schob er zwei Pizzen in den Backofen, vorher legte er das Blech mit Backpapier aus und heizte den Backofen vor.

Ich ging auf den Balkon Hazel füttern, mit Trockenfutter, rauchte eine Zigarette zu einer Tasse Kaffee. Andy rief nach mir, die Pizzen sind fertig, wir setzten uns an den Tisch und aßen die warme Pizza. Ich war schon nach der Hälfte satt. „Die andere kannst du heute Abend noch kalt essen.", schlug er vor. Am besten machen wir die Wohnung ein bisschen sauber, weil meine Freundin kommt in zwei Tagen. Ich saugte Staub auf den Teppichboden, Andy wischte den Balkon und das Bad. Fenster auf, Abwasch, Tisch abwischen und ein wenig Staub wischen auf den Regalen. Ich duschte noch einmal und wusch meine Haare, weil ich nicht wissen kann, wann sich wieder Gelegenheit dazu bieten würde. Andy wollte noch Einkaufen fahren, da freut sich seine Freundin sich, wenn Lebensmittel daheim sind. Brauchst du noch etwas fragte er mich ja erwiderte ich am liebsten wäre es mir, wenn ich mitfahren könnte wenn du willst sicher.

Am besten lassen wir Hazel in der Wohnung warten, außerdem kaute sie auf ihrem Knochen. Wir holten unsere Taschen und liefen die Treppe hinunter zur Garage, wo Andy das Auto raus fuhr. Ich stieg ein, auf den Beifahrersitz. Wir fuhren los in den Rewe. Dort angekommen konnte ich mich ganz aufs Einkaufen konzentrieren sehr ungewohnt ohne Hazel. Ich holte meine Sachen, Andy einen ganzen Wagen voll. Wir trafen uns an der Kasse. Du kannst deine Sachen zu meinen legen, das ist ja nicht viel. Wir waren bald wieder am Auto, weil an der Kasse keine so lange Schlange stand und gingen in Andis Wohnung. Andy mit einem Karton voll Lebensmittel meine wenigen Sachen waren in meiner Umhängetasche. Andy hatte mir den Schlüssel gegeben, da er beide Hände voll hatte. Zuerst schloss ich die Tür auf, Andy stellte den Karton auf den Tisch und meine Tasche auf dem Stuhl. Beim Sachen einräumen, half ich Andy, musste aber bei jedem Stück fragen wohin so waren wir schneller fertig.

Wir gingen auf den Balkon zum Rauchen, danach machte er den Fernseher mal wieder an. Es kam gerade ein Kriminalfilm, den ich auch ganz gerne geschaut habe. Wer weiß, wann ich wieder zu Fernseher schauen komme?

Das war heute meine letzte Zeit mit Andy ich schlief ja auf dem Platz seiner Freundin, solange er frei war. Toll war, dass er mich nicht einmal angemacht hatte auch die letzte Nacht nicht meine Freundin kann ruhig wissen, dass du da warst ich habe keine Geheimnisse vor Ihr erzählte Andy.

Ich ging den letzten Abend alleine mit Hazel Gassi und traf den Collie mit der gleichen Frau und wir ließen die Hunde wieder auf der Wiese miteinander spielen. Da kann sich Hazel noch einmal austoben, bevor es morgen weiter geht, dachte ich. Ständig an neue Leute gewöhnen aber auch neugierig welche die Nächsten sind. Wieder in Andys Wohnung verbrachten wir den Rest des Tages am Fernseher. Noch später legten wir uns ins Bett und schliefen bald ein. Der nächste Morgen begann wir immer mit Kaffee und Zigarette auf dem Balkon. Andy fragte mich, ob ich wieder trampen wollte, er würde uns sonst zu der geeigneten Stelle mit dem Auto bringen. Am besten ja war meine Antwort ich ging kurz mit Hazel Gassi packte dann meine schwarze Tasche, die Andy ins Auto brachte und nahm meine Umhängetasche über die Schulter und stiegen ins Auto. Hazel und die Tasche Rücksitz ich Beifahrersitz und fuhren los. Tschüs ich wünsche Dir und Hazel viel Glück und passt gut auf. Vielen Dank für alles erwiderte ich. Er hielt an, gab mir die Tasche tschüs sagte ich und Andy fuhr heim. Wir standen wieder an der Straße und trampten. Mit dem Wetter hatten wir viel Glück, es regnete kaum. Wir standen etwa halbe Stunde als ein Autofahrer hielt und sagte ich fahre bis Offenbach ja in Ordnung Hund und Tasche Rücksitz ich setzte mich auf den Beifahrersitz. Der Autofahrer fragte mich wohin ich weiß nicht antwortete ich keinen festen Wohnsitz irgendwohin wo zentrale Lage ist und dann weitersehen. Ich weiß wo da ist ein Waldgebiet in der Nähe, meinte der Fahrer. Die Fahrt war nicht sehr lange, da hielt er an und wir stiegen aus Hazel ich und die schwarze Ledertasche außerdem hatte ich noch die blaue Umhängetasche. Vielen Dank fürs Mitnehmen und tschüss und lief los in Richtung Wald auf der Suche nach einer Sitzbank. Nach einen kurzem Weg sah ich eine Bank, wo ich erst einmal was trank und Zigarette drehte. Es liefen einige Leute im Wald spazieren.

Bis mich ein junger Mann ansprach und fragte was ich mit der Tasche auf der Bank mache. Ich erklärte ihm, dass ich keine Unterkunft habe. Er meinte, dass ich bei ihm bleiben könnte. Ich wohne nicht weit von hier in den Hochhäusern, da habe ich eine ein Zimmer Wohnung. Was konnte ich anderes machen als mit zu gehen. Der junge Mann erzählte, dass er erst aus der Haftanstalt entlassen war und die Wohnung noch nicht lange hätte. Warum fragte ich wegen Körperverletzung er hätte sich nur verteidigt sagte er ich heiße Mike und du Cathrin erwiderte ich. Du hast einen schönen Hund. Wo hast du ihn her? Von einer Zucht mit vier Monaten gekauft. Wie kommst du hierher fragte er getrampt vorher hatte ich Privat Aufnahme bei einem Mann. Er nahm meine schwarze Tasche und wir liefen los in Richtung Wohnblöcke. Unten schloss er die Haustür auf und wir fuhren mit dem Fahrstuhl in den 4 Stock. Als wir ausstiegen, war ein langer Flur mit mehreren Haustüren vor einer lag eine schwarze Fußmatte die schloss Mike auf. Es war eine saubere möblierte Wohnung mit Teppichboden und Kochnische. Willst du was trinken Kaffee gerne und eine Schüssel oder so etwas für Wasser Hazel hat bestimmt auch Durst.

Mike stellte Hazel eine Schüssel Wasser hin und machte mir eine Tasse Kaffee. Er zündete sich eine Zigarette an, bot mir auch eine an die ich annahm.

Warum bist du unterwegs fragte er wegen meiner Mutter, die macht ständig Ärger und motzt, deshalb bin ich abgehauen meine Antwort. Hast du einen Freund fragte Mike. Ja, aber der ist in Haft. Weswegen? Wegen BTM. noch lange Zeit ich schreibe ihm, wenn ich Gelegenheit habe. Wir können uns heute Abend in der Stadt irgendetwas zu essen holen schlug Mike vor und Hazel fragte er?

Für Sie habe ich noch etwas Hundetrockenfutter dabei bloß keinen Futternapf.

Mike holte noch mal eine Schüssel aus dem Schrank und gab sie mir, ich füllte Trockenfutter rein Hazel hatte ein bisschen Hunger und fraß.

„Willst du duschen?", fragte Mike. Ich habe gestern erst geduscht noch nicht nötig. Sollen wir noch mit Hazel spazieren gehen und danach Essen holen, die Tasche kannst du bei mir stehen lassen sagte Mike sie kommt nicht weg. Was hast du dabei ein paar Kleidungsstücke zum Wechseln nichts Besonderes war meine Antwort. Wir gingen in den Wald mit Hazel. Weshalb warst du in Haft, war meine Frage. Ich habe mich eigentlich nur verteidigt, war die Antwort.

Ob das stimmt weiß ich leider nicht ich kenne ihn zu wenig sagen können sie viel dachte ich. Hazel begrüßte einen Kleinpudel, meine Hündin hat sich mit allen Hunden vertragen und wollte am liebsten spielen. Aber ich wollte sie noch nicht ableinen, weil wir das erste Mal in diesem Wald waren, es war ein ebenes Gelände viele schmale Pfade die vom Weg abgehen. Es wurde schon langsam dunkel, ich bekam Hunger das habe ich Mike gesagt. Wir gingen zurück über eine Straße in Richtung Häuser, irgendwann waren wir an einem Imbiss.

Da gab es Curry Wurst Pommes frites und andere Sachen. Was willst du essen. Curry Wurst mit Pommes frites, war meine Antwort Mike bestellte 2 mal wir setzten uns hin und aßen, da standen Stühle und wenige Tische. Da saßen wenige Leute, die schauten uns komisch an, hatte ich das Gefühl.

Wir redeten über einige Sachen Mike holte noch Kaffee zwei Tassen wie immer wollte mir gerade eine drehen, da bot Mike mir von seinen Zigaretten Marlboro an. Ich bedankte mich und nahm die Zigarette an er gab mir Feuer und zündete sich eine an langsam wurde es immer dunkler und wir machten uns auf den Weg zu den Hochhäusern, wo Mike seine Wohnung war.

Wieder fuhren wir mit Fahrstuhl in den 4 Stock, Mike schloss seine Wohnungstür auf und wir gingen hinein. Hazel ist gleich an Ihren Wassernapf gelaufen und hat getrunken. Mike hatte nur ein französisches Bett wo ich mit ihm zusammen schlafen musste. Hoffentlich lässt der mich in Ruhe, dachte ich, gesagt habe ich, dass ich ziemlich müde bin. Mir gefällt es nicht so gut dachte ich aber es war schon ziemlich spät und wohin sonst? Deshalb habe ich mich mit T Shirt und Hose ins Bett gelegt. Da wollte er was, aber er konnte gar nicht zum Glück. Dann fing er an, ob ich mir vorstellen kann, dass er nackt über den Hausgang läuft. Ich habe ihn heraus provoziert dazu und er hatte Glück, weil niemand auf dem Hausgang war. Ich habe gedacht, er spinnt, da werde ich nicht lange bleiben und war froh als ich endlich schlafen konnte.

Morgens gab es Kaffee und Zigarette bei Mike läutete das Telefon und er hat ganz lange geredet. Ich bin mit Hazel raus gegangen, draußen hat mich ein Mann angesprochen und gesagt Mike wäre ein Zuhälter und hätte vor mich anschaffen zu schicken. Ich könnte sofort zu ihm kommen, zwei Häuserblöcke weiter. Ich habe noch eine schwarze Tasche bei ihm, habe ich dem Mann gesagt. Außerdem muss ich kurz meinen Hund Gassi führen. Komm danach am besten zu mir an der Klingel steht Mayer, so das er es nicht gleich merkt sagte der Mann zu mir. In etwa eine Stunde oder auch später komm zu mir tschüss bis später. Ich habe die Straße überquert in Richtung Wald, erst mal muss Hazel ein kurzes Stück mit ihr gelaufen dann bin ich zurückgelaufen. Ich hatte keine Adresse von Mike, dabei wusste noch 4 Stock und eine blaue Fußmatte.

Hoffentlich finde ich seine Wohnung. Da ich keinen Schlüssel dabei hatte, musste ich an der Haustür warten, bis jemand die Tür aufschloss. Dann ging ich zum Fahrstuhl und fuhr in den 4 Stock. Danach habe ich die Haustüren auf einem langen Gang abgesucht, bis ich vor der Richtigen Haustür stand und geklingelt. Mike öffnete mir die Tür und ging gleich wieder ans Telefon, wie kann man bloß so lange reden? Er meinte es ist eine komplizierte Frau verwundert dachte ich Freundin oder eine die er anschaffen schickt?

Ich machte mir einen Kaffee und rauchte eine Zigarette. Endlich hatte er den Telefonhörer auf gelegt ich muss mal kurz weg, komme bald wieder sagte Mike und ging aus seiner Wohnung. Noch ein bisschen warten, Tasche packen, die Gelegenheit zum Abhauen ist günstig dachte ich für so was habe ich keine Lust. Wir schlichen uns raus Aufzug nach unten bin froh dass er mir nicht begegnet ist. Zwei Häuser weiter an den nächsten Wohnblock, habe bei Mayer geklingelt, durch die Sprechanlage hat sich jemand gemeldet und aufgemacht. Ich ging die Tür rein, wusste nicht wohin und habe noch einmal geklingelt nach dem Stockwerk gefragt. 2 Stock, Gang rechts, ich komme raus. Fahrstuhl in den 2 Stock auf den Gang kam mir der Mann mittleren alters entgegen. Hier rein in meine Wohnung. Die Wohnung war größer als Mike seine, sondern eine 3-Zimmerwohnung. Darin saß noch ein Mann. Das ist mein Bruder, er ist gerade im Delirium Alkoholentzug. Wir sind im Moment beide arbeitslos, aber der Typ bei dem du warst, den kennen wir gut. Das ist sicher nichts für dich und den Hund wir verstecken dich erst einmal bei uns, dass er nichts merkt. Es sah in dieser Wohnung nicht gerade sauber aus, für lange ist das nicht geeignet und auch kein Geld. Wenigstens waren wir weg vom Zuhälter und wohin dann wieder hier geht es eine Nacht sonst schlecht hier.

Geld könnte ich auch brauchen, erwähnte ich. Da habe ich eine Idee, ich kenne einen Typ, der scharf auf getragene Unterhosen von Frauen ist. Dann müsste ich mir eine neue kaufen, ich habe nur drei dabei und was zahlt er fragte ich, bestimmt 20 €. Das könnte ich schon brauchen Hazel braucht auch Futter. Ich kann den Mann wegen der Unterhosen anrufen, der kommt bestimmt und rief ihn an. Heute Mittag kommt er sagte er mir. Wo kann man hier Slips kaufen Stadt Stunde Laufzeit aber warte bis der Typ kommt.

Bald klingelte es an der Tür und der Mann kam, hat noch gefragt, ob es auch ein getragener Slip wäre ja und gab ihn den Slip in Plastiktüte und er wollte noch den Preis runterhandeln, aber ich habe auf 20 € bestanden. Er gab mir schließlich die 20 € und sagte zu den anderen Mann er muss gleich wieder gehen weil er einen Arzttermin hätte und schon war er weg.

Das hat ja schnell geklappt, jetzt kann ich Hundefutter und Tabak kaufen beinahe hatte ich den neuen Slip vergessen. Ich heiße Jürgen stellte sich der Mann vor mein Bruder Paul und du? Cathrin antwortete ich hast du für meinen Hund einen Wassernapf Jürgen gab mir eine Schüssel aus Plastik, wofür ich mich bedankte und Wasser aus dem Wasserhahn einfüllte. Danach stellte ich Hazel den Wassernapf hin, sie trank gleich ein bisschen. Ich muss heute noch ins Stadtzentrum einkaufen sagte Jürgen willst du mit kommen fragte Jürgen.

„Ja ich kenne mich hier sowieso nicht aus.", antwortete ich. Deine Tasche und den Hund kannst du bei meinem Bruder lassen, war Jürgen sein Vorschlag. Wir machten uns fertig. Meine Umhängetasche, Jürgen nahm auch eine Tasche mit und gingen los. „Ist es weit?", fragte ich. Etwa eine Stunde in den Rewe daneben ist ein Kaufhaus da kannst du dir einem neuen Slip kaufen ungewohnt für mich ohne Hazel zu laufen. So langsam sah ich Einkaufsläden, dann den Rewe, von dem Jürgen eben noch gesprochen hatte. Jürgen ging zum Bäcker und holte Brot. Hol du deine Sachen und wir treffen uns am Ausgang wieder sagte er. Ich ging rein holte Hundefutter was zum Trinken und ging dann zum Ausgang wo ich auf Jürgen warte es dauerte lange bis er endlich kam und hatte zwei Taschen voll zu tragen. Jetzt musst du noch ins Kaufhaus, da ist eine Bank da warte ich auf dich war Jürgens Idee. Ich lief gleich los, suchte mir zwei neue Slips und holte mir noch Tabak und Blättchen danach zurück zu Jürgen. Der noch auf der Bank saß und verwundert reagierte, dass ich schon wieder da war, da hast du dich aber ganz schön beeilt waren seine ersten Worte. Jetzt können wir wieder zu mir gehen meinte er von mir aus bin gespannt, was Hazel macht waren meine Gedanken. Der Rückweg kam mir länger vor wie der Hinweg Jürgen hatte schon zu schleppen zu Glück ich nicht soviel. Bis wir endlich an der Haustür ankamen, waren wir schon ein wenig müde weiter Weg war Jürgens Argument. Ich bin froh, Mike nicht gesehen zu haben sagte ich, als wir in den Fahrstuhl stiegen. Oben angekommen sah ich gleich, dass Hazel sich von Jürgens Bruder streicheln lies, sie war brav gewesen deshalb bekam sie auch ein Stück Fleischwurst danach von mir Hundefutter. „Magst du Nudel mit Hackfleisch?", fragte Jürgen ich koche uns etwas. Ja, gerne habe noch nichts gegessen heute. „Hast du Kaffee?", fragte ich. Löslicher schon. Kannst dir eine Tasse aus dem Schrank holen, rechts unten. Er stellte den Wasserkocher an. Milch im Kühlschrank, Zucker oben rechts, waren Jürgens Worte er war schon am Nudeln kochen. Nachdem ich mir Wasser eingegossen hatte Milch und Zucker setze ich mich aufs Sofa, drehte Zigarette dazu weil auf dem Tisch ein voller Aschenbecher stand außerdem roch es nach Rauch. Da kann ich sicher auch rauchen und zündete mir die Zigarette an. Als das Essen fertig war, setzten wir uns hin Jürgen fragte wie viel und stellte drei Teller auf den Tisch Besteck und Gläser. Wir setzten uns hin und aßen. Man konnte es essen aber besonders gut nicht dachte ich. Danach musste ich abwaschen, Jürgen trocknete das Geschirr ab. Als wir fertig waren, war es schon leicht dunkel du kannst auf dem Sofa schlafen Decke und Kopfkissen gab er mir. Aber Hazel muss noch Gassi gehen heute Abend ich will den Typ nicht mehr sehen was mache ich da Frage ich gehe am besten mit und zeige dir einen anderen Weg, den Mike bestimmt nicht geht war Jürgens Antwort. Hier will ich am liebsten morgen weiter sagte ich damit ich Mike nicht mehr sehe, war mein Gedanke.

Jürgen und ich liefen mit Hazel los einen anderen Weg, aber in Wald mussten wir die Straße überqueren etwas weiter hinten wie sonst. Wir gingen etwa eine halbe Stunde und danach in Richtung Jürgens Wohnung zurück. Er hat mir noch gezeigt, wo ich morgen trampen kann bei Ihm ging es auch schlecht länger. Er musste sich morgen vom Arbeitsamt aus vorstellen und hat nicht länger Zeit mit seinem Bruder war kaum etwas zu machen in seinem Zustand. Es war schon ziemlich dunkel höchste Zeit an Schlafen zu denken Jürgen Schloss seine Haustüre unten auf danach kam der Fahrstuhl 2 Stock und die letzte Tür, welche zu öffnen war. Drinnen tranken wir noch etwas und rauchten Zigaretten das Bad und die Toilette waren nicht gerade sauber, bei dreckigen Toiletten lege ich mir immer Klopapier auf die Klobrille. Es war auch nicht mehr viel Toilettenpapier da, ich hatte in meiner Tasche noch etwas an Klopapier, aber nur für mich. Die eine Nacht hier wird schnell vorbei gehen, dachte ich. Wo werde ich morgen landen dachte ich. Jürgen machte noch ein bisschen den Fernseher an. Ich war müde und legte mich auf das Sofa zum Ausruhen bald lagen auch die anderen zwei in ihrem Zimmer und machten die Türen zu, das Sofa stand im Wohnzimmer. Gute Nacht, hörte ich Jürgen sagen. „Wünsche ich auch erwiderte ich. Es war schon bald 24 Uhr. Hazel hatte sich in die Nähe des Sofas gelegt und war sicher auch müde.

Am nächsten Morgen wachten wir spät auf. Jürgen machte Kaffee mit der Kaffeemaschine ich holte mir eine Tasse aus dem Schrank und einen Teelöffel. Als die Kaffeemaschine durch war, holte ich mir gleich Kaffee Zucker dazu, Milch war leer dazu drehte ich mir eine Zigarette und rauchte. Jürgen fragte, ob ich Hunger habe. Morgens nie erwiderte ich. Ich ging noch ins Bad Zähne putzen, mein Gesicht waschen und mein Haar bürsten.

Dann packte ich alles in meine schwarze Tasche, trank noch einen Kaffee verabschiedete mich von Jürgen und bedankte mich für alles und ging mit Hazel aus dem Haus. Jürgen hatte mir am Vortag gezeigt, wo ich trampen konnte und war froh Mike nicht mehr gesehen zu haben. Da standen wir mal wieder und trampten es dauerte nicht lange da hielt eine junge Frau die fragte, wohin. Weil ich es nicht wusste sagte sie ich kenne in Ditzenbach Leute die ein Haus besetzen. Da kann ich dich hinbringen, soviel ich weiß, nehmen die Leute auf. „Ja.", erwiderte ich, „Das wäre in Ordnung." Wir stiegen ein Hazel und die Tasche hinten ich auf dem Bei Fahrersitz die Leute da besetzen zwei alte Häuser da kannst du fragen, ob die für dich Platz haben war der Frau Ihre Idee. Sie brachte mich da hin und wir bedankten uns und stiegen aus. Ich sah einen großen freien Platz vor den Häusern, wo Hunde frei herum liefen. Einen Schäferhund einen Collie und eine schwarze Promenadenmischung mein Hund war angeleint. Eine junge Frau kam mir entgegen und stellte sich als Janni vor hast du keine Wohnung fragte sie mich nein erwiderte ich. Von uns ist eine Frau in der Psychiatrie, deshalb haben wir ein Zimmer frei, aber wenn sie zurückkommt, braucht sie es selber. Ich kann dir Marions Zimmer solange geben. Willst du es sehen? Ja, war meine Antwort. Es war ein sehr kleines Zimmer, mit einer Matratze auf dem Boden. „Da kannst du schlafen.", sagte Janni. Besser wie nichts, dachte ich. Die Tür ging gerade so zu, ein sehr altes Haus. Wenigstens wusste ich, wo wir heute Nacht schlafen kann komm mit ich zeige dir die Küche hast du Hunger oder Durst fragte sie mich Kaffee gerne sagte ich. Es war ein großer alter Holztisch und etwa 10 Stühle auf der Spüle stand ein

Berg Geschirr von der Küche ging eine Tür ins Bad, wo eine Badewanne und Toilette war. Wie kommst du hier her, war die erste Frage. Ich bin getrampt und wurde hier abgesetzt. Es sah so aus als würden viele Leute hier leben. Es kam ein Collie angelaufen, der kurz an Hazel schnupperte. Das ist mein Hund, war Jannis Bemerkung auch eine Hündin Lady heißt sie spielen will sie nicht mehr. Sie war auch schon älter, dann kam noch eine schwarze Mischlingshündin die heißt Susanne und gehört Harro erklärte mir Janni. Harro arbeitet ich mache Ausbildung zu als Sprechstundenhilfe beim Arzt sagte Janni du bist sicher arbeitslos denke ich ja und ohne festen Wohnsitz war meine Antwort. Auf einmal ging die Tür auf und es kamen noch Leute dazu, die uns fragten ob jemand frische Brötchen mag der Tisch war gedeckt mit Marmelade Butter und anderen Sachen. „Brötchen mag ich auch gerne.", sagte ich. Sie stellten mir einen Teller und eine Tasse hin. Wir frühstückten zusammen danach räumte jemand den Tisch ab und Janni wusch Geschirr ab. „Soll ich abtrocknen?", fragte ich. Heute noch nicht unbedingt. Ich beobachtete die drei Personen. Im Eck stand ein Hundenapf mit Wasser. Ich muss meinem Hund noch Futter geben, hat jemand eine Schüssel oder so? Kann dir was aus leihen aber einen Futternapf musst du dir später selber kaufen füttere sie am besten in deinem Zimmer wegen den anderen Hunden sonst gibt es Futterneid. Ich ging mit Hazel in mein Zimmer und gab ihr Trockenfutter, dann gingen wir auf den Hof da kam uns noch ein Schäferhund entgegen der an Hazel schnupperte. Es war draußen ein großer Platz daneben noch ein altes Haus, es standen lange Bänke draußen und lange Tische. Und noch andere Leute beim zweiten Haus bestimmt bald 20

Leute insgesamt, wo da wohnen. Es sah alles mehr ländlich aus in der Nähe links Felder dazwischen ein Weg aus Beton. Ich bin ein Stück gelaufen um mich umzuschauen danach wieder zurück. Gerade aus sah ich viele Häuser, aber nichts was nach Stadtzentrum aussah, höchstens eine Bäckerei. Um mich nicht zu verlaufen, ging ich wieder zurück. Es war schon später Nachmittag.

Ich habe eine Bürste aus meiner Tasche geholt und meinen Hund gebürstet der Tag ging schnell um und ich ging wieder in die Küche da saß ein junger Mann, der sich mir als Harro vorstellte und mich fragte ob ich mit ihm was essen gehen will ich lade dich ein wenn du magst? Ja und der Hund? Wir können beide Hunde mitnehmen es gibt hier eine Wirtschaft nicht allzu weit entfernt von hier, bis dahin können wir laufen. Ich war froh, aus der Küche raus zu kommen und ging mit. Kannst du deinen Hund nicht ableinen fragte er mich. Seiner lief frei. Afghanen hören leider nicht besonders gut manchmal brauche ich eine ganze Zeit bis ich Hazel wieder an der Leine hatte. Außerdem rennt sie Hasen hinterher. „Das macht meine Susanne auch.", meinte Harro. Ich kann es versuchen, hoffentlich bekomme ich Hazel wieder angeleint. Es kann manchmal dauern. Afghanen sind die schwerst erziehbare Hunderasse leider mehr wie eine Katze kein Hund, der sich den Menschen unterlegt, sondern gleichberechtigt fühlt. Trotzdem lasse ich sie immer wieder frei laufen auf den Feldern mit einem zweiten Hund, der mit ihr spielt. Hazel und Susanne rannten frei über die Felder und hielten Ausschau nach Hasen, denen sie nach rennen konnten. Die Straße war sehr weit entfernt. Harro rief Susanne und sie kam angelaufen. Die hört gut, Hazel horchte natürlich nicht auch nicht beim 3 mal aber Susanne hat Sie im Spiel geködert, deshalb war sie in unserer Nähe. Beide rannten sie den Feldhasen nach, aber die sind so schnell, dass die Hunde keine Möglichkeit haben einen gesunden zu bekommen. Ein Afghane läuft 40am Autokilometerzähler wenn er richtig anzeigt es gibt schnellere Windhunde als Afghanen. Die Felder hörten vorne auf und irgendwie musste ich meinen Hund einfangen. Sie war zwar in meiner Nähe, wollte aber nicht an die Leine. Versuche du es mal, ob du sie geschnappt bekommst, forderte ich Harro heraus entweder am Schwanz oder am Halsband. Da sie gerade zu mir schaute und abgelenkt war konnte Harro sie schnappen am Halsband. Jetzt ist es nicht mehr weit und wir sind da, siehst du da vorne das Schild Wirtschaft, da können wir essen gehen, da war ich schon oft Schnitzel Fritten und Soße ist hier ganz gut und billig. Wir gingen rein und setzten uns an einen leeren Tisch, Susanne lief brav ohne Leine.

Harro bestellte Cola zum Trinken. Es wurde langsam schon dunkel, bis wir fertig gegessen hatten und uns langsam auf den Rückweg machten. Ich lasse Hazel heute nicht mehr frei laufen, dazu ist es mir zu dunkel.

Alleine hätte ich den Weg sicher nicht gefunden zurück zu den alten Häusern, wo ich ab heute wohne. Harro verabschiedete sich von mir, er wohnte im zweiten. Haus ich im ersten Haus. „Wir sehen uns sicher wieder.", meinte Harro morgen Gute Nacht wünsche ich dir auch. Ich legte mich auf eine Matratze, machte die Tür zu. Es war kein Licht in dem kleinem Zimmer. Ich muss mir Kerzen besorgen dachte ich. Irgendjemand hatte mir einen Schlafsack gegeben, damit ich mich zudecken kann. Durch den Türschlitz sah ich ein bisschen

Licht, ich drehte mir noch eine Zigarette ungewohnt in der ersten Nacht. Nahm einen Schraubverschluss von einer leeren Flasche, als Aschenbecher außerdem hörte ich Stimmen aus der Küche.

Irgendwann schlief ich ein, es war bestimmt schon nach Mitternacht.

Morgens wachte ich durch Stimmen auf, zog mich an und ging in die volle Küche ein paar Stühle waren noch frei. Ich holte mir eine Tasse aus dem Schrank und setze mich. Hazel lief auch in der Küche rum. Kaffee stand auf dem Tisch. Janni war auch da die anderen kannte ich noch nicht mit Namen sie kamen und gingen. Kannst dir ruhig Kaffee einschenken. „Ich muss gleich zur Arbeit.", sagte Janni. Nach dem Kaffee fragte ich, wo ich mich waschen kann. Im Bad, wenn frei ist, an der Tür war ein Schild was besetzt anzeigte.

Als ich an die Tür klopfte, kam keine Antwort. „Sie haben wohl vergessen das Schild wieder herum zu drehen.", sagte ein Mann, der am Tisch saß. Ich bin rein gegangen aufs Klo mit Zahnbürste und Waschzeug, da fiel mir auf, dass ich kein Handtuch habe und fragte danach. Im Regal liegen welche, kannst dir eins nehmen, aber wohin hängen da hingen schon so viele? Ich nahm es mit in mein Zimmer, wo ich es über den einzigen alten Stuhl gehängt habe.

Danach habe ich Hazel an die Leine gelegt und bin mit Ihr losgelaufen.

Als wir auf den Feldern waren, habe ich Hazel von der Leine gelassen. Sie rannte hinter fliegenden Vögeln her. Afghanen sind besonders schön, wenn sie rennen, die haben einen besonderen Gang und die Vögel bekommt sie sowieso nicht. Hoffentlich bekomme ich sie an die

Leine, sie war ziemlich weit entfernt und kein Hund, der sie köttert. Wie blöd sie frei zu lassen rufen mal wieder zwecklos entgegengesetzte Richtung Ihr wegzulaufen sie folgte mir zwar, wollte aber nicht in meine Nähe kommen, das kann lange dauern bis ich sie angeleint habe. In eine andere Richtung weglaufen, sie folgte, irgendwie bekam ich sie an der Rute zu fassen dann endlich mit der anderen am Halsband nach etwa einer Stunde. Manchmal könnte ich sie umbringen und beneide alle die Hunde haben die hören. Aber bei vielen Leuten sind besonders Afghanen gefragt, aber selber haben sie keine. Hazel einzufangen war oft nicht einfach und dauert manchmal lange. Sie war auch noch jung und ist noch nicht läufig gewesen, Afghanen brauchen zwei Jahre bis sie erwachsen sind. Aber ich war immer wieder so dumm, dass ich sie frei lies manchmal waren auch andere Hunde dabei, dann musste ich sie schon deshalb ableinen. Auf dem Rückweg sprach mich ein älterer Mann an ob ich mit zu ihm gehe. Weil ich sonst nichts vor hatte, ging ich mit. Bei sich hat er irgendwelche deutschen Nutten Lieder laufen lassen und mich gefragt ob ich bereit wäre mit ihm etwas zu machen nein das will ich nicht meine Antwort. Aber er hat es akzeptiert, dass ich nicht wollte und gefragt ob ich Hunger habe mir was zum Essen angeboten und Hazel einen Knochen. Es war ein Knochen, den Hazel eigentlich nicht fressen sollte, weil er splittern konnte ich glaube Hühnerknochen. Aber sie hatte schon gefressen mir viel auf, dass sie das Maul auf und zu machte. Ich habe Ihr das Maul auf gemacht, um rein zu schauen und habe einen Splitter im Zahnfleisch entdeckt, auch dass noch. Ich habe es dem Mann gesagt und er meinte, wir können zum Tierarzt fahren mit Taxi, sein Betrieb würde die Kosten bezahlen, weil er den Knochen gegeben hatte. Er hat ein Taxi gerufen und wir sind zum Tierarzt, der hat den Splitter im Zahnfleisch von Hazel entfernt. Danach sind wir wieder zurückgefahren da hatte ich Glück, weil ich nicht mehr viel Geld hatte, dass habe ich dem Mann auch gesagt und er hat mir noch 10 Euro für Hundefutter gegeben. Ich habe mich bedankt und bin bald darauf zu den Hausbesetzern zurück gegangen. Irgendwie musste ich zu Geld kommen, soviel Geld hatte ich auch nicht mehr. Obwohl ich einige Sachen bekam, konnte ich nichts kaufen. Ich bin in die Küche gegangen da saß eine junge Frau am Tisch und fragte sie, wovon sie lebt. Ich bekomme Geld vom Sozialamt und mein Freund hat Arbeit erwiderte. Ich habe ihr davon erzählt, wie ich in Offenbach auf dem Amt abgewiesen worden war. Wir haben hier eine gute Sozialarbeiterin mit der ich am besten mal reden sollte, die geht auch mit aufs Amt, wenn sie Schwierigkeiten machen, klärte sie mich auf, was ich da machen kann. Werde ich versuchen, ohne Geld geht es auf Dauer nicht und ich konnte hier schlecht betteln. Ich muss ja Hundefutter und Tabak und andere Sachen kaufen, aber nach meiner letzten Erfahrung wollte ich auf keinem Fall alleine hingehen. Die wimmeln einen oft das erste Mal ab einfach ist es mit denen nicht, meistens versuchen sie nicht zu zahlen. Aber wo war die Sozialarbeiterin? Das muss ich unbedingt ausfindig machen. Die Frau in der Küche war schon wieder weg. Vielleicht sehe ich Harro wieder und konnte mit ihm mal darüber reden, was er dazu meint dachte ich, aber im Moment war er noch nicht da er kam erst Abends, von der Arbeit heim. Er hatte höchstens Samstag und Sonntag frei aber hier hatte es ja genug andere Leute und fest war ich nicht mit ihm zusammen. Ich muss zuerst ausfindig machen, wo sie wohnt und kannte mich noch lange nicht gut in Ditzenbach aus irgendjemand muss mir die Adresse sagen dachte ich. Ich sah Harro heute nicht mehr und ging mit Hazel in mein Zimmer. Kerzen hatte mir jemand gegeben, dass es bei mir wenigstens ein bisschen heller war. Es war schon spät. Wir, Hazel und ich, gingen schlafen. Ich musste mich hier erst noch einleben. Besser wie nichts, aber es gefiel mir nicht besonders. Die Türe machte ich zu und schlief bald darauf ein. Am nächsten Morgen gingen wir wieder in die Küche wie immer saßen Leute am Tisch beim Frühstück ich setzte mich dazu holte mir eine Tasse und dachte solange niemand etwas sagt, hole ich mir Kaffee. Dachte aber so kann das auf Dauer nicht weitergehen wer kauft alles? Wollte aber nicht fragen stattdessen fragte ich, wohin ich gehen müsste um Hundefutter zu kaufen. Am nähesten ist der das Einkaufszentrum, da gibt es mehrere Einkaufsläden da musst du schon eine ganz schöne Strecke laufen war die Antwort. Ich dachte, dass kann ich alleine schlecht machen Hazel anzubinden war mir zu riskant aber ich lief trotzdem mit Ihr los. Unterwegs traf ich einen Hundebesitzer mit einem älteren Schäferhund die Hunde haben sich beschnuppert, kamen miteinander aus. Ich habe dem Mann gesagt, dass ich Hundefutter kaufen muss, da können wir zusammen gehen, ich muss auch was kaufen erwiderte er. So liefen wir zusammen los, außerdem kannte er den Weg das war für mich leichter. Ich sah ein Rathaus und einige Läden vor uns. Der Mann lief zu einem Rewe-Laden, davor waren Hundehaken zum Anbinden. Binde deinen Afghanen bloß nicht alleine an, hier haben sie versucht einen Barsoi zu klauen. Der Besitzer kam gerade noch rechtzeitig aus dem Einkaufsladen. Den klauen sie bestimmt gleich, am besten binden wir Sie mit meinem Schäferhund zusammen da traut sich sicher keiner ran. Außerdem beißt er wenn Fremde an ihn ran wollen aber dein Afghane ist noch zu jung der geht sicher mit. Gute Idee sagte ich und wir banden die Hunde an einen Haken an und gingen in den Einkaufsladen. Ich holte Hundefutter für mich einen Saft zum Trinken und Blättchen zum Zigaretten drehen. Als ich bezahlt hatte, ging ich aus dem Laden, der Mann war schon draußen und hatte seinen Schäferhund abgebunden. Höchste Zeit Hazel ab zu binden, die zum Glück noch da war. Hier musste ich arg auf sie aufpassen gut das der Mann mich gewarnt hat. Wir machten uns zusammen auf den Rückweg, später trennten uns, unsere Wege weil jeder heim wollte. Wieder daheim ging ich in die Küche, diesmal war Harro auch wieder da. Wir setzten uns nebeneinander tranken Kaffee und ich sagte ihm was ich heute gemacht hatte. Er hatte Brötchen mitgebracht und bot den Leuten welche an. Ich nahm auch eins und er, so kam ich wieder zu etwas zu essen. Ich erzählte ihm, dass ich zu einer Sozialarbeiterin gehen wollte, wegen dem Geld. Vielleicht bekomme ich hier Sozialhilfe durch, wenn die Sozialarbeiterin mir hilft. Auf keinen Fall wollte ich alleine aufs Amt gehen. Dafür bin ich schon zu oft abgewimmelt worden, nochmal wollte ich das auf keinen Fall. Ich habe noch nie mit dem Sozialamt zu tun gehabt, mir ist Arbeit lieber da habe ich mehr Geld aber versuchen kannst du es meinte Harro. Hier leben einige vom Sozialamt warum solltest du nichts bekommen? Hoffentlich dann hätte ich wenigstens ein bisschen Geld.

Harro drehte einen Joint, rauchte ihn an und gab ihn weiter hier kifften einige, war mir schon aufgefallen. Harro war nicht der Einzige, der hier kiffte, hier waren es mehrere. Aber der erste der mir einen Joint in die Hand drückte, ich zog und reichte ihn weiter mein früherriger Freund saß deshalb in Haft, von ihm kannte ich das schon. Die Zeit vergeht schnell, man wird eher gelassener davon irgendwie auch faul und müde. Es wurde auch langsam dunkel, so dass wir bald ins Bett gegangen sind.

Am nächsten Morgen ging ich wieder in die Küche Kaffee trinken. Harro war wohl schon arbeiten, deshalb war er nicht da. Janni war in der Küche und hat sich sehr über den Berg Abwasch geärgert. Ich habe sie gefragt, aber sie wollte keine Hilfe. Ich habe mich gewaschen und auf Toilette gegangen, danach bin ich mit Hazel spazieren gegangen und habe den Fehler gemacht sie abzuleinen. Wo ich sie einfangen wollte, erst eine Hand an der Rute danach die andere Hand im Halsband, hat sie sich auf den Rücken geworfen und ich musste sie loslassen. Mit meinen damals höchsten 36 Kilogramm bin ich auch nicht schwer und auf sie drauf geflogen. Dann habe ich sie eine Zeit lang nicht gesehen. Ich ging auf dem Weg auf der anderen Seite wo Häuser standen, von da aus kann man die Felder gut überblicken. Auf dem Weg habe ich ein Privatgrundstück gesehen wo sie im eingezäuntem Gelände war. Ich bin sofort hingegangen und habe gesagt, dass es mein Hund ist und ich es anhand von Papieren und Tätowiernummer im Ohr beweisen kann. Die Leute waren nicht gerade höflich, machten mir aber die Gartentür auf und gingen mich doof an, weil ein Windhund seinen Besitzer nicht Schwanz wedelnd begrüßt wie es sonst andere Hunde machen. Aber Hazel ist frei mit mir weggelaufen in Richtung Felder, ich war froh sie noch rechtzeitig entdeckt zu haben, die Leute hatten schon einen Wassernapf hingestellt. Wenn die wüssten was für ein Hund sie ist, nicht dem Menschen unterlegen wie andere Hunde, sondern nicht auf Kommando hört. Sie fühlen sich eher gleich berechtigt, sind nur zu gelegentlichem Gehorsam fähig, wenn sie es einsehen. Sie sehen halt schön aus, aber anschaffen wollten sich die wenigsten einen Afghanischen Windhund wegen der schweren Erziehbarkeit. Keiner von allen Hundebesitzer wo Hazel kennen wollen so einen gelten als schwerst erziehbare Rasse. Manche laufen ihr ganzes Leben nur angeleint, aber ich habe sie immer wieder laufen lassen. Sie hetzt alles was rennt Hasen Vögel egal was sie rennen sieht so einer ist das. Irgendwie habe ich sie doch nach mindestens einer Stunde an die Leine bekommen und bin mit Ihr zurückgelaufen zu den Hausbesitzern. Die anderen drei Hunde liefen frei vorm Haus herum. Ich konnte sie da auch ableinen, abgehauen ist sie nicht, aber so einen Hund kann man wegen einigen Leuten nicht aus den Augen lassen. Ich ging zu dem zweiten Haus, wo Harro wohnt, da waren einige Leute gerade beim Tisch decken. In der Küche hat mich jemand gefragt, ob ich Kartoffel schälen helfe, das habe ich dann getan. Draußen war mindesten für 20 Leute gedeckt ich wurde auch zum Essen eingeladen. Es gab Gemüse mit Kartoffel, beim Essen merkte ich den Sand zwischen den Zähnen knirschen. Mir war gleich klar, warum Harro oft Essen geht, aber die ganzen Leute haben gegessen und ich auch. Langsam wurde es auch ein bisschen kälter ob und zu waren in den Küchen Holzöfen an. Leider bleibt nicht ewig Sommer und was wird Winter habe ich gedacht keine Heizung im Zimmer auch kein Ofen. Nach dem Essen ging ich in die Badewanne und habe mich gebadet. Hazel habe ich im Zimmer eingesperrt und das Schild an der Tür zum Bad auf besetzt gedreht. Was ich vergessen habe zu erwähnen, dass eine blonde Frau namens Petra das Gemüse und andere Sachen von der Arbeit mitbrachte. Auf Dauer einfach nehmen ist nicht meine Art ich muss unbedingt raus bekommen wo die Sozialarbeiterin, aber die Frau, die vom Sozialamt lebt hatte ich noch nicht wieder gesehen.

Gegen Abend habe ich Harro wieder gesehen, ich habe ihm erzählt, was heute alles gewesen war. Er hat mich gefragt ob ich am Sonntag mit ihm auf den Flohmarkt gehen will. Ja, bin gespannt was es da gibt. Leider habe ich noch kein Geld. „Das macht nichts. Ich habe Geld.", sagte Harro und hat einen Joint gedreht und herum gereicht. Es waren fünf Leute in der Küche und jeder hat gezogen. So langsam wurde es kälter, es wurde ein Holzofen gegen Abend angemacht. Danach wurde es schnell wärmer und bald gingen wir ins Bett. Hazel hat sich oft zu mir auf die Matratze gelegt, dann wird es für mich wärmer Kerzen zum Anzünden waren auch noch da Hundefutter, Tabak und was zum Trinken. Ich hatte das Gefühl als wollte Harro mein Freund werden, weil Harro immer wieder kam. Aber ich war alleine und brauchte jemand, der mir hilft, obwohl er nicht so ganz mein Typ war, werde ich mit Ihm schlafen müssen. Am nächsten Morgen war Sonntag, ich ging in die Küche Kaffee trinken, bald darauf war Harro da holte sich auch eine Tasse Kaffee. Danach fragte er mich, ob ich fertig bin und wir fuhren los in Richtung Offenbach das ist ganz in der Nähe von Ditzenbach.

Ich saß vorne neben ihm, auf dem Rücksitz saßen unsere Hunde seine Susi und meine Hazel. Seine Hündin lief immer ohne Leine, das konnte ich mit Hazel leider nicht machen, weil sie nicht besonders hört. Wir stiegen aus und liefen an vielen Tischen vorbei, schauten uns die ganzen Sachen an es gab überall Stände von Sachen. Kleider und Geschirr viele Kerzenständer, Bücher, Kassetten und viele anderen Sachen plötzlich viel Harro auf das Susanne nicht mehr da war. Wir gingen zurück und haben sie gesucht. Ganz am Anfang von Flohmarkt saß sie, als hätte sie gewartet, sie kam sofort angelaufen, als Harro sie rief. Harro sagte so hässlich wie Susanne ist klaut sie wenigstens keiner. Auf meinen Afghanischen Windhund musste ich ganz anders aufpassen, die klauen sie sofort. Alles hat seine Vor- und Nachteile. Harro wollte mir die Hand geben und hat mich gefragt, ob ich seine Freundin werden will. Ich habe mit ja geantwortet, damit ich jemand habe, der mich einlädt. Ich habe ihm meine Hand gegeben und Harro fragte mich, ob ich Hunger hätte. Es war schon später Mittag. Ja erwiderte ich und wir gingen in einen Wiener Wald Hähnchen essen. Küsschen habe ich auch von ihm bekommen, damit hatte ich gerechnet. Unter dem Tisch haben auch die Hunde etwas abbekommen nur Knochen dürfen sie nicht von Hähnchen die splittern aber die Knorpel und ein bisschen Fleisch, Pommes auch, wenn sie nicht zu stark gewürzt sind. Danach tranken wir noch Kaffee und rauchten eine Zigarette. Als wir fertig waren, fuhren wir heim. Harro hatte ein großes Hochbett wo ich das erste Mal mit ihm geschlafen habe. Im Bett haben wir noch einen Joint geraucht und es uns Stunden lang gemütlich gemacht die Hunde lagen auf dem Boden. Bald war es abends, jetzt konnte ich auch bei Harro schlafen. Wieder einen Freund, aber für mich war es ganz praktisch, besonders weil er Arbeit hatte und ein Auto. Morgens als wir wach wurden musste Harro gleich arbeiten gehen. Du kannst ruhig noch liegen bleiben, wenn du willst. Heute Abend bin ich wieder da Abschiedsküsschen hat er mir noch gegeben. Ich bin noch ein wenig liegengeblieben, dann aufgestanden.

Zurückgegangen in mein Zimmer geschaut, ob alles in Ordnung ist, aber es sah nicht danach aus als wäre jemand drin gewesen. Danach bin ich zum Kaffee in die Küche gegangen und hatte Glück, die eine Frau war wieder da. Ich habe sie gleich nach der Adresse von der Sozialarbeiterin gefragt und Sie mir aufgeschrieben, dass ich sie bloß finde. Jetzt konnte ich mich mit Hazel auf dem Weg zu Ihr machen. Unterwegs musste ich nochmal jemand fragen, weil ich mich noch nicht so gut hier auskannte. Als ich geklingelt hatte, hat sie mir geöffnet und gesagt, dass wir erst einen Termin ausmachen müssen, weil sie diese Woche schon ausgebucht wäre auf nächste Woche Mittwoch um 11 Uhr. Ja ich komme dann und hab mir es aufgeschrieben. Mich verabschiedet und bin mit Hazel zurückgegangen.

Daheim habe ich Hazel gefüttert und jemand in der Küche nach Wäsche waschen gefragt da ist mir eingefallen, dass ich keinen Wäscheständer habe. Wir haben eine Waschmaschine und einen Wäschetrockner im. anderen Haus ich kann es dir zeigen sagte die Frau und machte mir die Maschine an und zeigte mir wie der Wäschetrockner angeht. Ich habe mich bei Erika bedankt und mich wieder in die Küche gesetzt. Janni war mit Ihrem Freund in der Küche und hat mit ihm einen Joint geraucht und geredet. Ich ging in mein Zimmer, weil ich nicht alles hören wollte, was bei dehnen geredet wurde. Später habe ich meine Wäsche in den Wäschetrockner getan, das dauerte ziemlich lange, besser wäre es die

Wäsche gleich aufzuhängen, weil sie sowieso nicht ganz trocken war. Die Wäsche war leider nur schranktrocken, deshalb legte ich meine paar Sachen aufs Bett zum Trocknen. Es war schon später Mittag und ich hatte Hunger, am besten hole ich ein paar Brötchen mit Marmelade geht auch oder Margarine. Die Bäckerei war nicht weit weg und ich machte mich gleich auf den Weg. Durch die Scheibe konnte ich Hazel gut beobachten und es dauerte nicht lange da war ich wieder bei Hazel. Danach gingen wir zurück zum Haus in die Küche was essen. Es waren noch Leute in der Küche und ich bot Brötchen an. Zwei wollten auch gerne Brötchen. Ich wusste ja nicht, wer alles Marmelade u. s. w zahlt? Ich muss irgendwie zu Geld kommen, vielleicht rede ich mal mit Harro darüber. Noch ein langes Wochenende lag vor mir ohne Geld. Bis Mittwoch dauerte es noch ziemlich lange und ob es diesmal mit dem Sozialamt klappt, wusste ich noch nicht. So langsam wurde es auch kälter, über den Winter wollte ich nicht unbedingt in diesem Haus sein mein kleines Zimmer hatte keine Heizung und keinen Ofen. Außerdem wusste ich nicht wann die Besitzerin zurück kommen würde und Ihr Zimmer wieder brauchte. Auf Dauer war das nichts für mich Janni hatte das größte Zimmer da waren so etwas wie Heizungen drin aber sicher von Ihr reingestellt. Küche war schön warm, wenn der Holzofen an war. Aber woher kam das Holz und wer hackte es? Mir gingen viele Fragen durch den Kopf, irgendwie wollte ich auch nicht fragen. Es war schon dunkel, als Harro von der Arbeit kam zu mir in die Küche Begrüßungsküsschen gab und sich setzte. Er fragte mich, ob ich Hunger habe. Er wollte was Essen gehen und ich ging mit Hazel mit, obwohl ich nicht so viel Hunger hatte. Da kommen die Hunde noch nach draußen, dachte ich. Im Mc Donalds fragte Harro mich, was ich wollte. „Eine Apfeltasche.", erwiderte ich. Susanne blieb bei mir liegen und Harro reihte sich in der Schlange ein. Er kam mit zwei Hamburger, Pommes und meiner Apfeltasche zurück und wir aßen. Ich erzählte ihm, dass ich einen Termin bei der Sozialarbeiterin hatte am Mittwoch nächste Woche und dass ich kein Geld mehr hatte für Hundefutter. Ich kann dir 20 € geben aber vielleicht kannst du es mir zurückgeben. Er gab mir 20 € und wir gingen zurück zu unseren Häusern. Ich habe mich mit Küsschen bei Harro bedankt, es war schon wieder spät abends und ich ging zu Harro zum Übernachten. Harro hat noch einen Joint gedreht und mir in die Hand gedrückt dann haben wir miteinander geschlafen. Am nächsten Morgen ging Harro zur Arbeit und ich bin später aufgestanden. Zuerst ging ich wie immer in die Küche Kaffee trinken, weil viel Abwasch da stand, wusch ich das Geschirr ab und jemand anders trocknete es ab und räumte es in die Schränke. Ich kannte mich noch nicht so gut in der Küche aus, um zu wissen, wo das ganze Geschirr hin muss, aber es waren fast immer noch andere Leute da. Danach machte ich mich mit Hazel auf den Weg um einzukaufen, ich brauchte Hundefutter, Tabak, Blättchen und was zu trinken. Unterwegs traf ich den Mann mit dem Schäferhund wieder und sagte ihm, dass ich in den Rewe muss wegen Hundefutter. Ich muss auch was einkaufen, da können wir die Hunde am besten zusammen anbinden. Ich war so froh, ihn getroffen zu haben und habe ihm erzählt, dass Hazel schon einmal von jemanden auf ein Grundstück gelockt worden ist. Bei einem Afghanischen Windhund kann man nicht genug aufpassen. Schon wie sämtliche Leute auf Hazel schauen, dabei war Sie nichts anderes als ein sehr ungehorsamer Hund und alle anderen braver wie Sie. Wir trafen uns wieder draußen bei den Hunden, hatten unsere Sachen eingekauft und machten uns auf den Rückweg. Bis unsere Wege sich trennten tschüss und man sieht sich hoffentlich mal wieder. Das nächste Mal muss ich unbedingt daran denken, nicht mehr alleine einkaufen zu gehen. Dieses Mal hatte ich Glück gehabt, aber das nächste Mal kann ich mich nicht darauf verlassen, jemanden zu treffen. Es ist nicht einfach so einen Hund zu haben außerdem war Hazel noch viel zu Jung noch nicht Erwachsen genug um nicht mit irgendjemanden mitzugehen. Ein erwachsener Afghane geht mit Fremden keinen Meter mit, er bleibt stur stehen. Als ich wieder zurück war viel mir ein dritter Hund auf dem Gelände vor unseren Häusern auf. Ich musste Hazel gleich ableinen, weil der Schäferhundmischling auf Sie zulief die beiden haben sich gleich vertragen und spielten miteinander. Aber dem alten Schäferhund in der WG hat der junge Rüde nicht gepasst, er hat nach ihm geschnappt, wahrscheinlich betrachtete er Hazel als seine Hündin. Eine blonde Frau hat ihn angeleint und ist auf Abstand gegangen. Schade Ihr Arno war auch noch Jung und sie fragte mich, ob ich mit ihr woanders hingehe, wo die Hunde miteinander spielen können. Ich ging mit ihr mit, in Richtung ihre Wohnung. Sie erzählte mir, dass sie von Sozialhilfe lebte, einen 6Jährigen Sohn hätte und einen Freund. Sie wohnte genau da wo die Sozialarbeiterin lebte, mit der ich einen Termin hatte im selben Haus. Sie wollte mir ihre Wohnung zeigen. Ich ging mit Hazel mit neugierig auf Ihre Wohnung. Wir gingen in ihre Wohnung. Es war eine 3-Zimmerwohnung, über die Kommode war ein Regenschirm gespannt, etwas außergewöhnlich sonst sah alles gut aus. Ich heiße Birgit stellte sie sich vor. Ich Cathrin, meine Antwort. Sie schwärmte sehr von Stones vor allem Mick Jagger mit dem ihr Freund starke Ähnlichkeit hatte, deshalb war er auch ihr Freund. Ein bisschen gesponnen hat sie, fiel mir auf. Auf einmal hat sie mir ihren Körper gezeigt und gefragt, ob sie einen schöne Figur hat. Ich antwortete mit ja. Was auch stimmte, aber sonst wollte ich nichts von ihr. Ich unterhielt mich mit ihr über Hundefutter. Sie sagte, dass sie Pansen da hat, das fressen sie gerne, aber auf dem Balkon. Es war gereinigter Pansen. Ich habe lieber den grünen Pansen, weiß aber nicht woher ich ihn hier bekomme. Ihr Arnold bekam etwas davon, Hazel nicht, aber vom Einkaufen hatte ich noch Trockenfutter in meiner Umhängetasche dabei. Eine kleine Packung, aber gab ihr aber noch nichts. Wasser stand auch auf dem Balkon, Hazel hatte ich angeleint damit es ums Futter keine Auseinandersetzungen gab. Ihr Sohn war gerade im Kindergarten. Britta meinte, sie muss ihn abholen und es wäre Kerwe in Ditzenbach. Ich habe Birgit gefragt wo und gedacht da kann ich mir etwas zu essen holen. Von Birgit habe ich mich verabschiedet, man sieht sich bestimmt mal wieder und tschüss. Es hat etwas gedauert bis ich die Kerwe gefunden hatte, mit ein paar Leute fragen habe ich sie gefunden. Dort habe ich mir eine Pizza geholt mich hingesetzt und gemütlich gegessen zum Essen rentiert sich Kewe immer. Als ich fertig war, ging ich zurück zu den Häusern es war schon wieder Abend Harro war von der Arbeit zurück. Er hatte sich gewundert, dass ich bei Birgit war und mir gesagt, dass sie lesbisch ist. Das habe ich nicht gewusst aber sie hat mir nur Ihren Körper gezeigt und gefragt ob sie einen schöne Figur hat. Das war wohl Ihre Anspielung darauf, aber ich war nicht lesbisch, habe nur mit ihr geredet. Wir sind später noch ein kurzes Stück spazieren gegangen mit den Hunden. Ich habe Harro gefragt, ob er eine große Packung Hundefutter holen kann ich habe für Susanne noch Futter war seine Antwort. Ich habe auch geholt aber nicht viel, mal sehen ob ich am Mittwoch endlich Geld bekomme noch zwei Tage bis Mittwoch solange reicht, dass Futter noch.

Danach wurde es schon wieder Zeit zum Schlafen gehen, aber dieses Mal wollte ich wieder in meinem Bett schlafen nicht bei Harro.

Manchmal war ich ganz froh, wenn Harro nicht ständig bei mir war. Er hatte angefangen an einem Auto mit einem alten Mann zu basteln, denn er wollte es wieder fahrtüchtig bekommen, da hatte er ganz schönen positiven Zeitvertreib. Mal wieder in meinem engen Zimmer alleine mit Hazel, die sich zu mir auf die Matratze gelegt hat, dadurch war mir etwas wärmer. Mir gingen ständig die Gedanken durch den Kopf, ob ich endlich Geld bekommen könnte?! Noch zwei Tage. Irgendwann bin ich dann eingeschlafen und bald wieder aufgewacht, als es morgens war. Wie immer ging ich in die Küche Kaffee trinken, irgendwie hatte ich ein ungutes Gefühl. Wem gehört der Kaffee, dachte ich. Janni war auch wieder in der Küche, ich fragte Sie wegen dem Kaffee wer ihn Bezahlt. Wenn du Geld hast kannst du ja auch mal Kaffee, Milch und Zucker kaufen sagte Sie dazu. Ich muss morgen zur Sozialarbeiterin wegen dem Geld und hoffe, dass ich bald welches bekomme. Das Sozialamt müsste dir schon Geld geben wenn du nichts hast, andere bekommen auch Geld vom Sozialamt, aber noch besser wenn man Arbeit hat viel zahlen die nicht meinte Janni. Ich habe in Ausbildung zur Arzthelferin auch nicht viel aber es langt manchmal bekomme ich auch von meinen Eltern ein bisschen Geld, obwohl ich mich nicht besonders mit meinen Eltern verstehe. Ich habe zu meinen Eltern keinen Kontakt mehr, deshalb bin ich auch hier, dass geht hier vielen so nicht nur dir erwiderte Janni. Nach dem Gespräch ging ich erst mal duschen Hazel war mit den anderen Hunden frei vorm Haus. Aber ich musste arg aufpassen, dass keiner auf die Idee kam, Hazel einfach mitzunehmen. Hazel hat von Lady oft Verwarnungen bekommen, wenn sie spielen wollte, was Lady nicht wollte und der alte Schäferhundrüde auch nicht. Die einzige die noch spielte, war die Susanne von den Hunden. Nach dem Duschen ging ich mit Hazel auf die Felder, obwohl sie nicht hört, wollte ich, dass sie frei laufen kann, machte mir Hoffnung, dass es irgendwann besser würde. Sie rannte ein paar Vögeln nach, es war zum Glück kein Hase in Sicht um diese Zeit. Wir gingen über eine Stunde spazieren und ich habe sie irgendwann am Halsband schnappen können und anleinen. Als wir wieder daheim waren, sah ich einige Leute beim Tisch decken, aber im zweiten wo Harro lebte. Petra fragte mich, ob ich auch Hunger habe. Ja, war meine Antwort. Hol dir drinnen Teller und Besteck, es ist noch ein Platz frei da drüben zeigte mir Petra. Ich ging ins Haus, wo noch ein Mann war und fragte, wo Teller und Besteck ist. Dann setzte ich mich auf den freien Platz. Irgendjemand füllte mir etwas auf den Teller, bis ich nicht so viel erwähnte. Wieder knirschte Sand vom Gemüse zwischen den Zähnen, aber alle aßen, ich auch. Harro war noch nicht von der Arbeit daheim, erst heute Abend. Aber irgendwas muss ich essen, wenn auch nicht viel danach half ich ein bisschen Tisch abräumen und abwaschen in der Küche. Danach bekam Hazel Futter, ein wenig von Tisch unter das Trockenfutter, was für einen Hund geeignet ist. Gemüse, Kartoffel, Nudeln, Fleischreste nur nicht scharf gewürzt. Scharfe Gewürze kann man auch abwaschen. Die Zeit ging immer schnell herum und es wurde schon wieder leicht dunkel. Auf einmal sah ich Harro kommen, er begrüßte mich mit Küsschen. Er wollte aber noch am Auto etwas machen. In einer halben Stunde komme ich wieder zu dir, wenn du noch willst, dann können wir noch mit den Hunden Gassi gehen bis dann und ging auf dem Hof wo ganz hinten das Auto stand es hatte vorn und hinten Sitzplätze. Harro kam später mit Susanne und wir gingen ein bisschen spazieren. Susanne wird immer dicker, fiel mir auf und sagte es Harro. Vielleicht bekommt sie wieder Junge, sie hatte schon ein paarmal welche, erwiderte Harro. Die nächste Woche ist hier in der Nähe ein Konzert und es wollen einige Leute von hier hin gehen. Willst du auch mit fragte er mich? Ja, aber Hazel. Die kannst du mitnehmen. Susanne kommt auch mit. Wir fahren mit dem VW Bus hin, da passen die meisten Leute rein und die Hunde auch meinte Harro. Bin gespannt, was morgen bei der Sozialarbeiterin passiert, ob Sie mit mir aufs Sozialamt geht oder nicht? Das wirst du morgen schon sehen, eigentlich müssten sie dir schon Geld geben. Wovon sollst du sonst leben. Susanne lief frei ohne Hundeleine wie immer, Hazel wollte ich heute Abend nicht mehr frei lassen. Es wurde schon langsam dunkel und wir gingen zurück zu den Häusern. Willst du heute alleine schlafen oder mit mir noch einen

Joint rauchen fragte mich Harro. Bei dir, heute lieber, war meine Antwort. Harro hatte ein großes Hochbett, da war mehr Platz als bei mir und ich schlief wieder bei ihm im Bett, außerdem mit ihm. Morgens als ich wach wurde, war Harro schon weg ich ging ins andere Haus Kaffee trinken musste mich ein wenig beeilen, wegen meinem Termin. Nach dem Kaffee musste ich mit Hazel gleich loslaufen, um rechtzeitig bei der Sozialarbeiterin zu sein. Hazel ließ ich besser wieder an der Leine, um mir Verzögerungen heute zu ersparen. Als wir den Wohnblock erreichten, klingelte ich unten sie meldete sich und machte uns die Tür auf. Ihr Büro war im ersten Stock. Sie bot mir Kaffee an, danach wollte sie alles von mir wissen, wie ich hierher komme und so weiter. Ich habe ihr gesagt dass die auf dem Sozialamt mir keinen Pfennig gegeben hatten, höchstens eine Rückfahrkarte zu meinen Eltern. Auf keinen Fall wollte ich wieder vom Sozialamt abgewiesen werden und traue mich daher nicht alleine hinzugehen. Außerdem bräuchte ich dringend Geld und wollte keinen Kontakt zu meinen Eltern, sie wären für mich lebendig gestorben.

Die hat sich bereit erklärt mit mir gleich aufs Sozialamt zu gehen. Wir gingen sofort los. Es war ein großes Gebäude und wir mussten auf dem Gang eine Zeit lange warten, bis wir herein gerufen worden sind. Die Sozialarbeiterin hat für mich gesprochen und ich bekam erst einmal für eine Woche 100 €. Erst wenn ich eine Wohnung gefunden habe, bekomme ich Miete und für einen Monat Geld. Es hatte endlich geklappt ich musste mich noch irgendwann in Dietzenbach anmelden. Ich war froh endlich Geld zu haben und wir gingen nochmal zur Sozialarbeiterin ins Büro, wo ich schon gewesen war. Sie wollte mit mir wöchentlich einen Termin ausmachen. Ich war einverstanden nächste Woche wieder zu ihr zu kommen. Ich habe mich bei ihr bedankt und Hazel und ich sind zurück zur WG gelaufen. Das mit der Sozialarbeiterin hatte geklappt. Das war gut endlich hatte ich auch wieder Geld und konnte mir selber was zu essen kaufen. Aber ich konnte Hazel schlecht alleine vor dem Laden anbinden, deshalb ging ich zurück, dahin wo ich noch wohnte. Zuerst trank ich noch einen Kaffee. In der Küche waren Jannie und noch zwei Leute. Ich habe ihr gesagt, dass es mit einem bisschen Geld geklappt hatte. Aber Hazel kann ich schlecht alleine anbinden, weil ich Angst hatte sie würde geklaut. Heute Abend kann ich mit Harro reden. Danach ging ich in die Badewanne duschen und zog frische Sachen an. Leider hatte ich nicht viel dabei, wenn ich an meine ganzen Klamotten in Wörth im Haus meiner Eltern dachte, bloß kann ich sie erst holen bei einer Wohnung. In dem kleinem Zimmer war kaum Platz etwas unterzubringen, außerdem war es nicht mein Zimmer. In meinem Kopf gingen viele Gedanken herum, irgendwie brauchte ich meine Sachen. Meinen Stereo Radio Recorder, die vielen Kassetten und noch viele andere Sachen, wie meine Matratze. So schnell bekomme ich bestimmt keine Wohnung oder doch? Ich hatte keine Lust alles nachzukaufen, was ich wo anders hatte, nur was ich dringend brauchte.

Ich war froh als Harro kam und fragte ihn, ob er mich Einkaufen fahren kann, wegen einer Großpackung Hundefutter und anderer Sachen. Ja, ich muss auch noch etwas im Rewe einkaufen. Die Hunde können wir solange im Auto lassen bis wir fertig sind mit einkaufen, war seine Antwort und wir fuhren gleich los. Als wir unsere Sachen hatten, half Harro mir einen 10 Kilo Sack Latz Trockenfutter in den Kofferraum von seinem Auto zu verstauen und seine Plastiktüte auch. Die anderen Sachen hatte ich in meiner Umhängetasche. Wir stiegen ins Auto und fuhren zurück zum Haus. Ich brachte meine Sachen zu mir ins Zimmer und Harro half mir beim Hundefutter, danach hat er seine Sachen in sein Zimmer ins andere Haus gebracht. Jetzt hatte ich endlich genug Hundefutter für längere Zeit. Außerdem hatte ich Kaffee, Milch und Zucker gekauft, weil ich laufend welchen trank. Harro kam bald zu mir zurück und sagte, dass er noch was am Auto machen wollte und danach baden wollte. Wir sahen uns an diesem Tag nicht mehr. Ich habe noch was gegessen und später ging ich noch mit Hazel Gassi. Auf den Feldern ist sie hinter Hasen hergelaufen, ich war immer froh, dass sie keinen erwischt hat. Aber die Hasen sind so schnell, da hat Hazel keinerlei Möglichkeit einen gesunden Hasen zu erwischen. Leider hat sie es immer wieder versucht. Auslauf hatte sie so genug, bloß ich musste immer an der Stelle warten, wo sie mich verlassen hat, sonst findet sie mich nicht mehr habe ich in dem Buch „Dein Hund der Afghane" gelesen. Lange rumgemacht bis sie endlich wieder an der Leine war. Mir viel auf dass sie Durchfall hatte, bestimmt vom Freilaufen vor dem Haus, denn da lagen Knochen und Dreck herum. Am besten wenn ich sie da nicht mehr frei lasse, bis der Durchfall weg ist. Deshalb habe ich sie mit in mein Zimmer genommen. Am Morgen hatte sie ins Zimmer gemacht und ich musste putzen. Es kommt immer wieder vor, dass Hunde Durchfall haben oder Erbrechen. Dreck machen sie immer wieder. Ich habe Zeitungspapier gefunden zum Wegmachen einen Eimer im Bad und Putzlumpen. Dann habe ich mir Kaffee gemacht in der Küche wo noch drei Leute saßen, die ich wegen dem Putzlappen gefragt hatte. Mein Collie hatte auch schon Durchfall erwähnte Jannie Hunde machen alle Dreck. Außerdem hatte sie sich mit Ihrem letzten Freund um die Colliehündin geschlagen. Jetzt gehört Sie mir und Lady hört sehr gut, deshalb wollte ich sie auch erklärte mir Jannie. Ich dachte mir meinen Teil, sagte aber besser nichts um einen Hund schlagen so etwas würde es bei mir nie geben. Plötzlich kam Harro, es war Samstagmorgen, morgen wollten wir auf dieses Konzert gehen. Hallo wie geht es fragte er ich habe ihm erzählt, dass Hazel Durchfall hatte und ich deshalb putzen musste, wenn es ihr Morgen besser geht können wir mitfahren. Ich lasse sie heute besser an der Leine, damit ich sehe, falls sie etwas frisst. Da viel mir ein, dass ich noch Kohletabletten in meiner schwarzen Tasche hatte, holte ihr eine und gab sie Ihr in einem Stück Fleischwurst. Susanne durfte immer ohne Leine laufen, wenn Hazel bloß auch so gut gehorchen würde Harro merkte bestimmt nicht, wenn sie Durchfall hätte, dachte ich. Wir gingen mit den Hunden ein Stück spazieren, am besten gehen wir gleich was essen, so langsam habe ich Hunger schlug Harro vor Mac Donalds oder Hähnchen?

Besser Hähnchen war meine Antwort also gingen wir mal wieder in die gleiche Wirtschaft, wo wir schon einmal waren. Da würde ich immer wieder hingehen, war auch nicht so teuer. Harro hatte mich wieder eingeladen. Danach gingen wir zurück und legten uns ein bisschen in Harros Hochbett. Er drehte mal wieder einen Joint und wir rauchten ihn zusammen. Wir haben uns aneinander gekuschelt und sind eingeschlafen, außerdem fing es an zu regnen. Im Bett gehen die Stunden schnell herum, man wacht auf, raucht wieder was, schläft miteinander bis zum nächsten Morgen. Am nächsten Morgen sind wir später aufgestanden, Harro musste heute nicht arbeiten und nutzte es aus um auszuschlafen. Ich bin vor ihm aufgestanden, weil ich auf die Toilette musste, habe mich angezogen, Hazel angeleint und bin ins andere Haus gegangen um Kaffee zu trinken. Etwa nach einer halben Stunde kam Harro dazu und meinte, wir müssen uns nachher fertig machen, damit wir rechtzeitig aufs Konzert kommen. Es wird sicher sehr voll. Acht Leute von den Hausbesetzern wollten mitfahren und drei Hunde Petra sagte, den Schäferhundrüden können wir nicht mitnehmen, der beißt sich zu arg, deshalb ist es besser ihn hier zu lassen. Wir hatten Taschen und alles dabei und kletterten in den VW Bus. Hazel hatte auch kein Durchfall mehr. Wir passten gerade so hinein, es war schon ein wenig eng. Der Fahrer fuhr los fragte vorher, ob alles in Ordnung ist. Alle sagten ja. Der Fahrer fuhr etwa 30 bis 60 Minuten bis der Bus hielt, dann stiegen alle aus. Man hörte schon von Weiten die Musik. Es war eine sehr große Grasfläche, mit einigen Zelten. Am Eingang saß jemand der Eintritt kassierte. Harro zahlte für mich mit. Es war ein ganz schönes Gedrängel bis nach vorne durchzukommen, wo die Bühne war. Es liefen viele freie Hunde herum, ganz vorne, wo wir stehen blieben, kam ein junger Setter der mit Hazel spielen wollte. Der Besitzer fragte mich, ob ich sie laufen lasse. Ich habe ihm gesagt, dass der Afghane nicht aus den Augen gelassen werden kann es versprachen mir viele auf Hazel zu schauen. Deshalb habe ich sie doch von der Leine gelassen. Sie hat sich sehr gefreut mit dem Hund spielen zu dürfen.

Nach einiger Zeit fiel mir auf, dass Hazel irgendwelches Fleisch im Maul hatte und fraß. Entweder hat sie es bekommen oder irgendwo geklaut, dachte ich. Die Musik ging zum Anhören, es war aber keine besondere Gruppe, es handelte sich eher um eine Revival Band. Harro holte etwas nicht alkoholisches zum Trinken und Fleischspieße zum Essen. Während ich Hazel beaufsichtigen musste, die immer noch mit dem Setter spielte. Manchmal kamen andere Hunde dazu, haben sich beschnuppert und kurz begrüßt. Der Besitzer des Irischen Setters stand in meiner Nähe, hat Hazel im Spiel geködert, dass sie bei uns bleibt. Wir blieben bis zum Schluss und es wurde viel gekifft. Es war eine gute Stimmung, einer gab den anderen den Joint weiter. Leider konnte man nur Stehen, was nach Stunden schon anstrengend wird. Als dass Konzert dem Ende zuging, habe ich Hazel angeleint und wir sind zum VW Bus gegangen es waren noch nicht alle da, so dass wir noch etwas warten mussten bis alle acht Leute und drei Hunde anwesend waren. Harro war auch da und wir stiegen hinten ein und fuhren zurück zur WG. Das Konzert hatte allen gefallen und die Stimmung war gut. Ich ging mit Harro in sein Hochbett. Es wurde noch was geraucht und sich ausgeruht. Aber ich musste noch mal aufstehen und die Hunde füttern Wasser hatten sie noch. Danach legte ich mich wieder zu Harro und wir machten es uns gemütlich bis zum nächsten Morgen. Harro musste wieder früh aufstehen und arbeiten gehen. Ich stand später auf und ging in die Küche Kaffee trinken. Jannie war auch in der Küche mit ihrem Freund beschäftigt. Das Konzert hatte allen gut gefallen. Die Tage gingen herum, das Schlimmste war, dass es immer kälter wurde. In der Küche brannte der Ofen öfter morgens eine Zeit lange.

Ich machte mich mit Hazel auf den Weg zum Gassi gehen Richtung Felder. Ich traf eine Hundebesitzerin mit einem jungen Rottweiler, der mit Hazel spielen wollte und sie auch mit ihm. Deshalb lies ich sie frei. Ich habe sie gefragt, wo es hier Hundehalsbänder gibt. Offenbach hätte mehr Auswahl wie hier, hat sie mir gesagt. Als ich Hazel angeleint hatte, gingen wir zurück in die WG wo ich in der Küche fragte wie ich nach Offenbach komme es würde ein Bus fahren habe ich erfahren, aber das wird teuer so habe ich mich fürs Trampen entschieden so viel Geld hatte ich nicht mehr. Mit meiner Umhängetasche und Hazel stellte ich mich wieder an die Straße. Wir standen nicht lange, da hielt ein Mann an der nach Offenbach fuhr. Ich habe mich mit ihm über Geld unterhalten. Er hat mir das Angebot gemacht, wenn ich ihm einen runter hole, würde er mir 50 € zahlen. Obwohl ich so etwas sonst nicht mache, aber Geld hatte ich wenig, erklärte ich mich dieses eine Mal bereit es zu tun. Er fuhr mich in die Nähe der Zoohandlung, wo ich für Hazel ein schwarzes breites Halsband extra für Windhunde gekauft hatte, einen Futternapf in haselnussbraun und ein paar getrocknete Schweineohren. Für mich höchstens ein paar Pommes mit Ketchup, zum Trinken hatte ich eine Flasche dabei. Das Halsband für Hazel stand ihr schwarze Maske weißer Fleck auf der Nase weiße Brust sonst sandfarben besonders gut. Danach gingen wir an die Straße, wo es zurück nach Dietzenbach geht und trampten. Es dauerte nicht lange dann waren wir wieder zurück gelaufen waren wir trotzdem viel heute. Wieder bei den Hausbesetzern war es schon wieder ein bisschen dunkel. Harro war mit einem alten Mann mal wieder am Auto. Bin gespannt ob es eines Tages wieder läuft. Harro meinte ja. Später erst kam er zu mir, ich habe ihm das Halsband gezeigt. „Susanne braucht selten eins.", sagte er dazu. Wir gingen in die Küche. Er hatte noch Brötchen geholt. Übermorgen hatte ich wieder Termin bei der Sozialarbeiterin, hoffentlich bekomme ich wieder Geld. Es war leider nicht viel. Von meinem Erlebnis beim Trampen, erzählte ich Harro besser nichts und behielt es für mich. Es wurde schon wieder Zeit zum Schlafengehen. Heute wollte ich wieder bei mir schlafen. Harros Matratzen kamen mir weich vor. Harro wollte auf dem nächsten Sperrmüll nach anderen Matratzen schauen. Am nächsten Tag sollte Sperrmüll sein, aber Harro kam erst Abends von der Arbeit heim. Bei mir war alles ziemlich gleich, Kaffee, Hund, Gassi gehen und gebürstet habe ich sie mal wieder. Abends sind wir dann losgefahren den Sperrmüll ab haben drei Matratzen gefunden, die noch gut aussahen außerdem auf Harros Hochbett gepasst haben. Die waren schon etwas härter wie die anderen Susanne wollte zu Zeit nicht mehr so laufen Anzeichen dafür, dass die jungen Hunde kommen. Wie sonst drehte Harro einen Joint und ich schlief heute Nacht mal wieder bei ihm und mit ihm.

Tagsüber war ich wieder alleine, ging mit Hazel mittags eine Pizza essen. Den Rand von der Pizza habe ich Hazel gegeben. Ich stand mittags immer später auf und ging in die Küche und dachte daran morgen hatte ich wieder Termin bei der Sozialarbeiterin. In der Küche brannte der Ofen, morgens war angenehm warm auch öfter abends. Schade, aber es ging so langsam auf den Herbst zu und ich bräuchte unbedingt meine warmen Sachen für den Winter. Aber wie soll ich eine Wohnung bekommen ich musste unbedingt Harro fragen, ob er etwas wüsste. Aber erst einmal musste ich mit Hazel Gassi gehen heute ein kurzes Stück und ich wollte sie heute nicht von der Leine lassen. Ich ging mit ihr in den Mc Donalds was essen, einen Cheeseburger, danach wieder zurück zum Haus. Mir fielen fremde Männer im Haus auf, die etwas von Räumen erwähnten. Jannie tobte, sie würde Miete zahlen und wie sehr sie dieses alte Haus liebte. Ich hielt mich auf Abstand und habe gedacht morgen die Sozialarbeiterin zu fragen, was die dürfen. Gegen Abend war Harro wieder da. Ich habe ihm alles erzählt, da kann man nichts machen sagte er. Weißt du zufällig eine Wohnung. Ja, wo ich früher gewohnt habe, in einem großen Mietblock mit Fahrstuhl, da könnte man den Hausmeister fragen. Da sind 1 Zimmerwohnungen und auch größere, aber ich bin lieber hierher gezogen in die WG. Ich bräuchte unbedingt meine warmen Wintersachen und meine Matratze, leider wird es immer kälter. Wo sind deine Sachen fragte er mich da wo ich früher gewohnt habe im Haus meiner Eltern war meine Antwort. Ich kann mir den VW Bus von Meiner WG ausleihen und damit könnten wir deine Sachen holen. „Gute Idee, wenn das mit der Wohnung klappt.", sagte ich. Mal sehen, was morgen die Sozialarbeiterin sagt, bin gespannt und Geld könnte ich auch wieder brauchen. Wir gingen in die Küche, wo es schon schön warm war und tranken was Harro ging in die Badewanne baden. Ich habe nebenan in der Küche gewartet, bis er fertig war. In der Küche drehte Harro noch einen Joint und reichte ihn weiter. „Ich schlafe heute mal wieder bei mir.", sagte ich. Wenn das alles klappt, wären meine Probleme alle gelöst, dachte ich so einfach. Gut dass Harro jemand kennt, wo vielleicht eine Wohnung frei ist mit Zentralheizung. Ich musste noch kurz mit

Hazel Gassi gehen. Susanne wollte nicht, sie hatte Junge bekommen Harro hat ein Schild angebracht in seinem Zimmer Vorsicht bissiger Hund. Die meisten Hündinnen sind bissig, wenn sie Junge haben und lassen nichts und niemand an die Jungen heran.

Hazel durfte auch nicht in die Nähe der Jungen kommen, sonst wurde sie von Susanne vertrieben. Harro meinte sie hatte schon zweimal Welpen und er müsste eine Wurfkiste machen es waren zum Glück nur zwei Junge von dem Schäferhundrüden in der WG. Hazel war noch nicht läufig gewesen, da musste ich gut aufpassen, bloß keine Welpen, dafür wäre sie noch viel zu jung. Dass Harro da nicht mehr aufpasste, habe ich gedacht, aber nicht gesagt. Ich wollte auf keinem Fall junge Hunde, aber Harro schien es ziemlich egal zu sein, als wäre er es schon gewohnt, dass Susanne Junge bekam. Bald darauf gingen wir in unsere Betten schlafen es war schon ziemlich spät abends. Am nächsten Morgen, dachte ich gleich an den Termin bei der Sozialarbeiterin ging in die Küche Kaffee trinken und machte mich danach mit Hazel auf den Weg. Dort angekommen klingelte ich unten und die Tür wurde geöffnet. Ich ging in den ersten Stock, sie machte mir die Tür auf und bot mir wieder einen Kaffee an. Ich habe ihr von den Männern im Haus erzählt. Sie hat gesagt, dass die Häuser abgerissen werden, aber so schnell noch nicht. Dieses Mal gehe ich nicht mit auf das Sozialamt, dass müsste auch gehen, wenn du alleine hingehst. Sie hätte noch einen Termin. Und mit mir müsste sie noch einen Termin nächste Woche ausmachen. Sollte es Schwierigkeiten auf dem Amt geben, womit sie nicht rechnete, sollte ich mich bei ihr melden. Ich habe mir den Termin eingesteckt für nächste Woche und ging mit Hazel auf das Sozialamt. Dieses Mal habe ich Lebensunterhalt für den ganzen Monat bekommen. Der Mann auf dem Sozialamt riet mir, mich nach einer Wohnung umzuschauen. Das werde ich machen. Mein Freund weiß vielleicht etwas wo er früher mal gewohnt hatte, erwiderte ich und verabschiedete mich bis zum nächsten Mal. Dieses Mal hatte alles geklappt trotz anfänglicher Bedenken von mir und wir machten uns auf den Rückweg. Unterwegs liefen zwei Afghanen auf Hazel zu, so dass ich sie sofort ab leinen musste. Es war ein Männchen und ein Weibchen der Besitzer ein Amerikaner. Erst ist Hazel weggelaufen dann stehengeblieben hat sich beschnuppern lassen sie hatte ein bisschen Angst am Anfang. Das waren die ersten Afghanen, die ich hier außer Hazel gesehen habe, auch sandfarben. Ich habe mich mit dem Besitzer unterhalten, ob seine Afghanen auch so schlecht hören, wie meine. Aufs Word leider nicht aber so einiger Maßen sie waren älter wie meine Hazel. Außerdem habe ich erfahren, dass es in Offenbach eine Windhund-Rennbahn gebe.

Ich hatte sofort Interesse und wollte es mir mal ganz gerne ansehen.

Danach gingen Hazel und ich zurück zu den Häusern, wo ich noch wohnte. Außerdem müsste ich mir einen Frauenarzt suchen, leider war meine Periode überfällig, aber es kam öfter vor, dass sie nicht pünktlich kam. Um jemand fragen zu können, ging ich in die Küche da war die Frau, die mir den Weg zu der Sozialarbeiterin beschrieben hatte. Ich fragte sie nach einem Frauenarzt hier in der Nähe und machte mir noch einen Kaffee. Sie bot mir ein Brötchen an, dass sie gerade in der Bäckerei gekauft hatte und ich aß es und schrieb mir die Adresse vom Frauenarzt in Ditzenbach auf. Ich hatte beim Sozialamt erwähnt, dass ich zum Arzt musste und einen Krankenschein zum Arzt bekommen. Zuerst habe ich Hazel Futter gegeben und hatte ganz vergessen, dass ich Hazel nicht mitnehmen konnte. Ich werde heute Abend Harro Bescheid sagen, wenn er von der Arbeit kommt vielleicht kann er mich hinbringen dachte ich. Seine Susanne ging nur kurz raus und verbrachte Tage bei ihren Jungen, die sie kaum aus den Augen lies. Es dauerte nicht mehr lange da kam er heim und erklärte sich bereit mich hinzufahren und Hazel konnte im Auto warten. Beim Arzt angekommen war wenig los, so dass ich nicht lange warten musste und bald in die Praxis konnte. Der Arzt machte einen Urintest, konnte aber zum Glück nichts entdecken und ich habe mir Pille verschreiben lassen. Wenn die nächste Periode kommt, kann ich anfangen, damit es bloß keine Kinder gab, die ich nicht brauchen kann. Als ich wieder draußen bei Harro war, sagte ich ihm Bescheid. Außerdem muss ich unbedingt immer genau notieren, wann die letzte Periode war. Wir fuhren heim, ein bisschen hatten wir schon Angst gehabt, aber meine Periode kam bald da konnten wir ganz sicher sein und ich mit der Pille wieder anfangen, Sozialamt bezahlte sie. Ich ging mit Hazel kurz Gassi und danach war schon wieder Zeit zum Schlafengehen. Ich habe wieder bei mir geschlafen, weil Susanne sehr bissig auch gegenüber Hazel war. Sie durfte nicht in die Nähe Ihrer Jungen.

Den nächsten Morgen wollte ich mit Hazel nach Offenbach trampen, um mir eine Wind Hund Rennbahn anschauen ich hatte noch nie eine gesehen.

Nach dem Kaffee bin ich mit Hazel nach Offenbach getrampt und habe mich zur Rennbahn durchgefragt.

Wir mussten weit laufen. Es war später Mittag als wir sie endlich fanden. Wir gingen hinein eine sehr große Bahn und ein Clubhaus war geöffnet, wo wir erst mal Kaffee tranken und ich mich erkundigt habe. Sie wollten am liebsten gleich Hazels Papiere sehen, die ich aber nicht dabei hatte. Der Mann sagte, Hazel wäre noch zu jung und dürfte höchstens eine halbe Bahn laufen. Die ganze erst mit 22 Monate und so alt war Hazel noch nicht. Aber ich könnte es mal versuchen, ob sie die halbe Bahn laufen würde, aber Hazel wollte nicht der Mann meinte sie würde mich suchen. Ich sagte sie läuft nicht gerne alleine und bräuchte einen Hund, der mit Ihr läuft aber sie sollte Einzellauf machen, was sie nicht wollte. Aber es war für uns trotzdem ganz interessant so etwas einmal anzuschauen. Im Clubhaus saßen viele Männer, die tranken und wir machten uns auf den Rückweg zu Trampen in Richtung Heimweg.

Nach dem weiten Weg zur Straße in Richtung Dietzenbach stellte ich mich mit erhobenen Daumen hin und bald hielt ein roter VW Bus an und nahm uns mit nach Dietzenbach. Wieder da, war Harro schon von der Arbeit zurück, denn es war schon wieder Abend. Harro hatte die Idee zum Hausmeister zu gehen, wo er früher gewohnt hatte und nach zu fragen ob eine Wohnung frei war. Also fuhren wir hin und schauten, aber als wir nach dem Hausmeister fragten, hieß es er wäre nicht mehr da wir sollten früher kommen. Leider mussten wir wieder zurück und ein anderes Mal kommen mittags. Es war ein großer Wohnblock. Harro meinte, mit Kochherd und Kühlschrank und im Bad wäre eine Badewanne, außerdem auch eine Spüle. Eine ein Zimmerwohnung mit Kochnische und Bad, gerade für eine Person und Hunde wären auch genehmigt. Da habe ich eine Zeit lange mit Susanne gelebt, bin aber lieber zu den Hausbesetzern gezogen. „Hat die Wohnung auch ein Heizung?", fragte ich Harro. „Ja.", erwiderte er, aber der Fahrstuhl ist öfter kaputt dann muss man die Treppen laufen klärte mich Harro auf und die Miete übernimmt das Sozialamt bestimmt. Dann könnte ich endlich meine Sachen holen, weil es auch immer kälter wurde. Wir fuhren wieder zurück. Harro meinte am Samstag hätte er Mittags Zeit und der Hausmeister ist da. So einfach hatte ich mir das mit der Wohnung nicht vorgestellt, aber ich muss mich noch in Dietzenbach anmelden. Da musst du aufs Rathaus. „Hast du einen gültigen Personalausweis?", fragte er mich. „Ich denke schon.", erwiderte ich. Wir stiegen aus Harros Auto aus und gingen in die Küche, wo mit Holz geheizt wurde, da es immer mehr langsam auf den Herbst zuging. Wenn ich an mein kleines unbeheiztes Zimmer dachte, war ich froh, dass wir Samstagmittag den Hausmeister nach einer freien Wohnung fragen konnten der kurze Sommer war immer schnell vorbei leider. Wir tranken erst warmen Kaffee, irgendjemand bot uns Kuchen an wir nahmen gerne an. Harro drehte mal wieder einen Joint und reichte ihn herum alle zogen daran. Vier waren in der Küche. Später gingen wir ins andere Haus, wo Harro wohnte. Hazel durfte noch nicht in Susanne ihre Nähe kommen, weil die Welpen noch zu klein waren die unter Harros Hochbett lagen. Sie musste Abstand halten. Ich habe mich trotzdem zu Harro ins Bett gelegt, wir rauchten noch was und schliefen miteinander. „Erinnere mich bitte das ich die Pille nicht vergesse.", sagte ich zu Harro.

Die Nacht ging schnell um, als ich wach wurde war Harro schon auf der Arbeit. Ich ging wie immer in die

Küche Kaffee trinken dazu natürlich eine Zigarette. Jannie begrüßte mich mit guten Morgen. Ich habe ihr gesagt, dass ich vielleicht eine Wohnung bekomme am Samstag. Da wünsche ich dir viel Glück, aber da gibt es hauptsächlich Ausländer, wo du schauen willst. Ich habe mir nichts dabei gedacht. Leider brauche ich unbedingt meine warmen Klamotten und meine Sachen. Am meisten freue ich mich auf meinen Radiorecorder und meine Musikkassetten, wie lange habe ich keine Musik mehr gehört äußerte ich mich. Hier kannte ich weder Fernseher oder Musik außer auf dem Konzert wochenlang nicht. Danach ging ich mit Hazel auf die Felder und lies sie mal wieder frei laufen. Sie hatte sich ziemlich weit von mir entfernt da sah ich am Weg zwei Hundebesitzer die mich vor dem Jäger warnten und mir erzählten es würde ein Hund vermisst und eine Katze. Ich sollte bei Ihnen bleiben weil auf der anderen Seite der Jäger war er traut sich bestimmt nicht zu schießen, wenn wir alle schauen. Er hatte einen Hasen aufgescheucht und Hazel rannte ihm natürlich nach. Ich habe ganz schön gezittert um Hazel, aber sie ist halt ein Afghane und Afghanen sind Hetzhunde. Zum Glück war der Hase schon weg, der Jäger kam angelaufen und hat mir gedroht Hazel abzuschießen, wenn er sie noch mal frei sieht. Sie ist zu den Hunden gelaufen, wo ich sie anleinen konnte, noch mal gut gegangen. In Zukunft kann ich hier nicht mehr mit Hazel ohne Leine spazieren gehen, höchstens nach Offenbach trampen, da gab es nicht so einen gefährlichen Jäger. Wir gingen zurück zu der WG, wo ich Hazel Futter gab und Wasser selber auch was aß. Es dauerte nicht lange, da kam Harro seine Susanne war immer nur kurz auf dem Gelände draußen, weil sie Ihre Jungen nicht lange alleine lassen wollte. Ich habe Harro von dem Jäger erzählt. Er meinte, dann müssen wir das Revier wechseln und ihm aus dem Weg gehen sonst könnte man leider nichts machen. Vergesse nicht morgen müssen wir zum Hausmeister am Samstag äußerte er gegen Mittag ja sagte ich bin ganz gespannt, was da raus kommt. Wir rauchten noch einen Joint bei Ihn drüben und unterhielten uns eine Zeit lange. Danach ging ich mal wieder in meinem Bett schlafen. Die Tage wurden immer kürzer und kühler. Hoffentlich klappte es morgen mit der Wohnung und warmen Heizung dachte ich. Legte mich müde ins Bett und war froh wenn Hazel sich wegen der Wärme zu mir legte, was sie oft tat.

Als ich wieder wach wurde, war schon später ich ging gleich in die Küche, wo der warme Ofen brannte und machte mir Kaffee, wenn nicht schon gemacht war. Aber ich hörte vom Bad Geräusche, als ob jemand badete da konnte ich trotzdem rein auf die Toilette dem Mann machte es nichts aus aber nur pinkeln. Das kam auch schon Harro in die Küche, trank auch einen Kaffee und fragte mich, ob ich sonst fertig wäre. Ich holte meine Umhängetasche, die ich immer dabei hatte. Hazel war an der Leine und wir gingen zum Auto, sogar Susanne war wieder dabei. Wir vorne Hunde hinten und fuhren zu der Wohnung. Dieses Mal hatten wir Glück und der Hausmeister war da. Er zeigte uns eine leere Wohnung im 4 Stock. „Diese Wohnung wäre frei.", sagte er. Wir fragten, was sie kostet. Ich kläre es die nächste Woche mit dem Sozialamt ab, ob sie zahlen. Wir bekamen Mietvertrag. „Sind Hunde erlaubt?", fragte ich. Wir haben höchstens zwei Hunde das geht sagte der Hausmeister. So schnell hatte ich mit keiner Wohnung gerechnet und verabschiedeten uns und fuhren zurück zur WG. Ich habe da auf der anderen Seite gewohnt sagte Harro wenn der Fahrstuhl nicht funktioniert, muss du die Treppen laufen das kommt oft vor. Trotzdem war ich froh eine warme Wohnung zu haben, wo man einfach Heizung aufdrehen konnte. Wir fuhren noch was einkaufen und gingen Essen, zur Feier des Tages lud mich Harro in eine Wirtschaft ein. Wir aßen Schnitzel und Pommes dazu Soße. Ich freute mich endlich bald meine Sachen aus Wörth holen zu können. Harro hatte mir Fahren versprochen mit dem WG VW Bus der Hausbesetzer. Können wir morgen nach Offenbach fahren, wegen dem Jäger konnte ich Hazel nicht mehr frei laufen lassen. Morgen Mittag ging es, Susanne wollte wieder zurück zu ihren Jungen, deshalb fuhren wir zurück. Susanne hatte es eilig wieder zu ihren Jungen zu kommen, die immer wieder gestillt werden mussten. Ich ging mit Harro in die Küche, wo Jannie und noch mehr Leute saßen und sagt das ich eine Wohnung habe deshalb bald ausziehen würde. Irgendwann mussten alle hier ausziehen, das wusste ich von der Sozialarbeiterin bloß nicht wann so schnell noch nicht da wollten die ganzen Leute noch wenig davon hören.

Harro und ich gingen rüber in das andere Haus, in sein Zimmer, weil Harro einen Joint drehen wollte, außerdem wollten wir ungestört sein. Es war ein guter Tag endlich hatte ich auch eine eigene Wohnung. Wir schmusten noch miteinander bis wir einschliefen. Am nächsten Tag war erst Sonntag, gegen Mittag wachten wir auf und gingen erst in die Küche Kaffee trinken danach machten wir auch mal wieder den Abwasch. Dann wurde es Zeit mit den Hunden Gassi zu gehen, auf die andere Seite der Felder wo ein anderer Jäger sein Revier hatte so lange wie wir den nicht sahen, konnten wir unsere Hunde frei laufen lassen. Da liefen auch andere frei, von den Hundebesitzern hatte ich da noch nichts gehört und wir waren froh keinen Jäger zu sehen. Ich hatte mit einigen Jägern schon gesprochen und nicht alle drohten gleich mit abschießen, da gab es ganz schöne Unterschiede aber Hunde dürfen kein Wild reißen. Unsere Hunde hatten auch noch nie eins erwischt dafür sind Feldhasen viel zu schnell, wenn sie gesund sind.

Wir gingen eine Stunde und ich war froh, keinen Hasen oder sonst etwas zu sehen. Auf dem Rückweg habe ich Hazel geschnappt und angeleint mit Susanne hatte Harro weniger Schwierigkeiten, weil sie gut hörte. Danach gingen wir in die Wirtschaft essen. Harro hat mich eingeladen. Bald werde ich in meiner Wohnung essen machen müssen, dachte ich und Harro nicht mehr so oft sehen. Der Sonntag ging schnell herum und leider auch der Sommer. Als wir wieder in der WG waren, sind wir bald schlafen gegangen. Ich dachte schon an Morgen wo ich aufs Sozialamt musste mit Mietvertrag.

Jeder ging heute in sein Bett. Susanne lief gleich wieder zu ihren Jungen, die langsam auch größer wurden. Die Augen hatten sie schon geöffnet nach neun Tagen. Am nächsten Tag machte ich mich nach dem Kaffee mit Hazel auf dem Weg zum Sozialamt. Wir mussten lange warten bis ich an der Reihe war ich bekam die Wohnung genehmigt und auch sonst klappte alles. Ich ging noch aufs Radhaus mich anzumelden. Mein neuer Meldewohnsitz wurde im Personalausweis eingetragen, vor der Tür traf ich den Hundebesitzer mit dem Schäferhund wieder und erzählte ihm alles. Er musste auch noch was einkaufen gehen so wie ich wir haben die Hunde wieder zusammen angebunden und sind beide ich den Rewe gegangen zum Einkaufen. Draußen haben wir uns wieder getroffen und auf dem Heimweg gemacht ein Stück konnten wir zusammen laufen, danach ging jeder seinen Weg nach Hause. Ich machte mich gleich auf den Weg zum Hausmeister mit dem Mietvertrag. Ich hatte Glück ihn anzutreffen und er gab mir den Schlüssel. Ich betrat mit Hazel den Fahrstuhl und fuhr in den 4 Stock wo ich die Haustür aufschloss und hinein ging Kaffee, Milch Zucker hatte ich eingekauft aber keine Tasse. Die Milch stelle ich in den Kühlschrank, der wie ausgewaschen aussah, die ganze Wohnung sah sauber aus. Aber wo rauf sollte ich schlafen? Harro hatte mir versprochen, meine Sachen aus dem Haus meiner Eltern mit dem VW Bus von den Hausbesetzern zu holen. Ich muss ihn unbedingt wann fragen. Ich machte die Heizung an, schön warm wurde es und ging auf Toilette, aber Klopapier fehlte und noch einiges mehr. Ich machte die Heizung wieder aus und ging zurück in die WG, es dauerte noch eine Stunde dann kam Harro von der Arbeit heim. Er schlug vor Einkaufen zu fahren und Klopapier und einiges für die Wohnung zu holen Tasse Putzsachen Seife und dann brachte er die Sachen mit seinem Auto zur Wohnung und lieh mir seinen Schlafsack aus. Deshalb konnte ich heute schon in der Wohnung übernachten Hundefutter und Futternapf und meine Taschen. Wir können am Samstag nach Wörth fahren und Deine Sachen holen schlug Harro vor und ich war froh, bald meine Sachen zu haben. Ich war heute die erste Nacht in meiner eigenen Wohnung und es war mit Heizung so schön warm. So war meine Reise ins Ungewisse zu Ende, nur noch eine weite Fahrt nach Wörth war notwendig, wegen den Sachen. Es war ein alter Topf im Backofen, der noch zum Wasser für Kaffee ging. Ich ging auch gleich in die Badewanne duschen und zog mir frische Kleidung an, aber wo soll ich Wäsche waschen? Die Waschmaschinen im Keller waren meistens kaputt, Münzwaschmaschinen nicht so einfach aber in der Wg war eine Waschmaschine. Ein großes Fenster hatte die Wohnung im Bad leider kein Fenster. Ich musste mich erst einmal an meine neue Lebenssituation gewöhnen und freute mich auf meine Sachen, die ich bald hatte. Zur Sozialarbeiterin musste ich jede Woche einmal zum Gespräch, falls es Schwierigkeiten gibt. Gegen Abend lief ich mit Hazel spazieren um dieses Gebiet kennen zu lernen, es war über eine halbe Stunde von den Hausbesetzern entfernt. Ich musste weit laufen, Harro hatte es leicht mit seinem Auto. Mir war es egal wenn Hazel auf die Straße machte, aber ich wollte Abends nicht in Richtung Wald laufen alleine, im Wohngebiet war mir sicherer. Im ersten Stock wohnte eine deutsche Frau mit einem Yorkshire Terrier, die Hunde vertrugen sich gleich so kam ich schnell ins Gespräch mit der Frau und erfuhr, dass sie auch vom Sozialamt lebte mit einem ausländischen Freund zusammen. Wenn was wäre könnte ich zu ihr kommen, bot sie mir an. Hazel und ich fuhren wieder in den 4 Stock in unsere Wohnung. Es war schon dunkel, so dass wir uns schlafen legten. Am nächsten Tag ging ich mit Hazel raus und merkte bald, dass einige Angst vor Hazel hatten. Ein etwa 8 jähriger Junge hat im Hausgang wegen Hazel geschrien und stand an der Wand gedrückt. Ich habe Hazel lange Leine gelassen und Befehl Kuss gegeben worauf sie ausnahmsweise sofort gehört hat, weil das Geschrei auf die Nerven ging. Der Junge hatte aufgehört.

Später habe ich die Frau getroffen mit dem Yorkshire Terrier, sie wollte gerade ins Mc Donalds gehen und da ich mich noch nicht so gut auskannte ging ich mit Ihr auch in den Mc Donalds. Dort angekommen holten wir uns was zu essen und gingen zurück die Frau erzählte mir noch, dass sie vom Sozialamt arbeiten müsste. „Hoffentlich ich nicht, aber was ist dann mit ihrem Hund.", fragte ich. „Der muss halt alleine bleiben, bis sie wieder kommt und vorher ausgeführt werden.", erwiderte sie. Wir hatten den großen Wohnblock erreicht. Ich verabschiedete mich von ihr. Sie wohnte ganz unten, danach fuhr ich mit dem Fahrstuhl in den 4 Stock in meine Wohnung. Gegen Abend schrie ein ausländischer Mann mit einer deutschen Frau, weil sie alleine in der Stadt war, ganz schön herum. Sie durfte noch nicht mal alleine einkaufen gehen. Am gutem Deutsch merkte ich, dass es eine deutsche Frau war. Ich will auf keinen Fall einen ausländischen Freund haben, dachte ich. Noch hatte ich Harro, er wollte am Samstag früh kommen und mit mir meine Sachen aus Wörth holen. Dann konnte ich endlich Musik anmachen, damit ich nicht alles mit an hören brauchte. Es war leider sehr hellhörig, nicht leise wie in den meisten Mietwohnungen. Es dauerte eine ganze Zeit lange bis ich ein schlafen konnte. Die erste Nacht in meiner neuen Wohnung. Ich war froh die Heizung aufdrehen zu können, es war inzwischen ganz schön kühl geworden. Ich war froh von Harro eine Isomatte und einen frisch riechenden Schlafsack ausgeliehen bekommen hatte. Bis Samstag dauerte es noch einige Tage, bis ich mein Bettzeug und Matratze hatte. Irgendwann schlief ich dann schließlich ein. Morgens wachte ich später auf, konnte mir gleich Kaffee kochen, dazu gab es eine gedrehte Zigarette. Danach machte ich mich mit Hazel auf den Spaziergang, nach draußen, merkte dabei, dass meine Jacke ziemlich kühl war. Ich brauchte unbedingt meine Wintersachen. Ich ging zurück in meine Wohnung und zog noch einen wärmeren Pullover drunter, fuhr mit dem Fahrstuhl wieder nach unten Hazel zog an der Leine sie musste pinkeln und bald darauf einen Haufen machen. Zu Essen hatten wir erst etwas eingekauft, Zucchini, Aubergine, Tomaten, Kartoffel und Gauda. Da konnte ich heute daheim kochen. Deshalb ging ich nur kurz spazieren zurück zum Kochen. Ich hatte viel zu viel gekocht, so viel Hunger hatte ich gar nicht. Hazel bekam auch Gemüse unter ihr Trockenfutter, aber so viel Hunger hatte sie auch noch nicht. Wir ließen das Essen beide zum Teil stehen. Ich überlegte, was ich noch machen konnte, aber mir viel nichts ein. Zur WG war es ein ganz schönes Stück zu laufen, dazu hatte ich keine Lust. Als machte ich das bisschen Abwasch, war gespannt wann Harro wieder kommt wir hatten nichts ausgemacht. Der Tag ging schnell um, am Abend machten Hazel und ich mich auf den Weg nach Draußen. Im Hausgang sprach mich ein ausländischer Mann an, vor mir hätte hier eine Nutte gewohnt. Er wollte von mir wissen, ob ich das auch mache. Nein, ich habe einen Freund und keinerlei Interesse an so was erwiderte ich. Ich zahle dir was du willst sagte der ältere Ausländer einen Schrank oder was du willst nochmals nein so etwas habe ich noch nie gemacht und mache ich nicht, außerdem habe ich einen Freund. „Der ist nicht da.", sagte der aufdringliche Ausländer. „Aber er kommt wieder.", erwiderte ich. Danach ging ich zum Fahrstuhl und war froh endlich den Ausländer los zu haben. Als vor allem junge Frau hat man es alleine nicht leicht, wegen der Männer. Mich wollten leider immer welche, die ich nicht wollte. Ich blieb den Abend in meiner Wohnung, ließ den Schlüssel innen steckten. Bald schlief ich ein. Nach dem Aufwachen überlegte ich, dass ich am besten zur WG gehe, trank Kaffee und machte mich mit Hazel auf den Weg Richtung Hausbesetzer, meiner früheren Unterkunft. Dort angekommen ging ich in die Küche. „Guten Morgen.", sagte ich zur Jannie und wurde zum Kaffee eingeladen. Ich habe sonst nichts gesagt, wollte eigentlich nur mit Harro reden, der aber noch nicht daheim war. Bis es Abend war, wartete ich auf Harro. Als er mich sah, war er etwas verwundert mich hier zu sehen. Susanne ihre zwei Jungen waren groß genug um auf dem Hof zu spielen. Hazel wollte auch mitspielen Susanne hat sie nicht aus den Augen gelassen. Immer wenn Hazel zu grob wurde, ging sie dazwischen das Hazel bloß vorsichtig war mit Ihren Jungen. Je älter die Welpen wurden desto weniger kümmerte sich Susanne noch um sie. Wenn die Milchzähne kommen will sie die Hundemutter nicht mehr gerne trinken lassen, weil es Ihr weh tut, dann werden die Welpen abgestillt. Harro machte sich überhaupt keine Gedanken wohin mit den Jungen. Ich ging mit ihm in sein Zimmer, wo er erst mal einen Joint drehte und ihn an rauchte. Ich erzählte ihm von meinen Erlebnissen und fragte, ob er auch mal wieder kommen könnte?! Ja, erwiderte er am kommenden Samstag würden wir die Sachen aus Wörth holen. Ich habe den WG Bus ausgeliehen. Mir viel gerade ein, dass ich morgen den Termin bei der Sozialarbeiterin hatte und zog am Joint den Harro mir reichte. Am besten wäre es, wenn wir heute bei mir schlafen, aber da viel mir ein dass ich noch kein Matratze habe, sondern nur Schlafsack und Isomatte. Ich ging heim Harro, wollte morgen kommen wegen der Sozialarbeiterin. Tschüs bis morgen sagte ich und ging mit Hazel in meine neue Wohnung. Bald darauf legte ich mich in Harros Schlafsack und schlief ein. Am nächsten Morgen nach dem Kaffee machte ich mich auf dem Weg zur Sozialarbeiterin natürlich mit Hazel. Es war ein ganz schönes Stück zu laufen, bis wir da waren, aber ich sollte bei Ihr jede Woche vorbei kommen. Wie immer läutete ich unten, die Tür wurde aufgemacht und ich ging zu Ihr zum Kaffee. Ich habe ihr gesagt, dass Harro meine Sachen holen würde aus Wörth mit mir zusammen am kommenden Samstag. Eine Matratze, Kleidung, einen Radiorecorder und noch andere brauchbaren Sachen aus meinem vorherigen Zimmer. Sie sagte mir, dass das Spritgeld vom Amt bezahlt würde, wenn ich eine Quittung vom Tanken bringe. Nach dem Gespräch ging ich erst noch etwas einkaufen danach nach Hause. Zu Hause machte ich mir ein belegtes Brötchen zum Mittag, heute Abend wollte Harro kommen. Es war auch bald später Mittag als es an meiner Haustür klingelte und Harro davor stand ohne Susanne. Ich bat ihm rein und wir setzten uns auf dem Boden. Harro drehte gleich etwas zu rauchen, wie immer einen Joint und meint, dass in dem Haus noch ein Junge namens Phönix sein Spitzname wohnen würde. Der würde auch kiffen und da könnte ich auch hingehen, wenn ich belästigt würde. Er zeigte mir, wo Phönix wohnte und erzählte, dass er auch vom Sozialamt lebt. Er wohnte auf der anderen Seite wie ich. Harro klingelte bei ihm an der Tür dann öffnete sich seine Tür wir gingen rein. Er war schon mit allem eingerichtet Tisch Stühle und sagte dass er gut mit den Ausländern auskam hier schon zwei Jahre wohnte, wenn ich Schwierigkeiten hätte, könnte ich ruhig zu ihm kommen, er lebte hier auch alleine. Wir redeten noch ein wenig, dann gingen wir wieder in meine Wohnung. Aber schon gut, dass ich da auch noch hingehen konnte, dass ich nicht so viel alleine auffalle. Harro und ich kuschelten uns zu zweit in den Schlafsack und er blieb bis morgen früh bei mir. Außerdem war heute Samstag und wir mussten meine Sachen aus Wörth holen. Deshalb fuhren wir gleich zur WG und holten den VW Bus und Susanne Ihre Jungen wurden von jemand aus der WG versorgt. Wir hatten vor eine Nacht im Bus zu schlafen, wenn wir die Sachen geholt hatten.

Es war über eine Stunde Fahrt von Ditzenbach bis Wörth. Ich habe Harro gesagt, dass das Sozialamt die Fahrkosten bezahlen würde, aber das wollte Harro nicht haben. Als wir endlich in Wörth angekommen waren und wir an die Tür klingelten, hatte ich das Glück, dass meine Eltern nicht da waren, sondern nur meine Schwester. Wir gingen in den Keller und holten einige Sachen, meine Matratze, packten einiges in Müllsäcke und brachten die Sachen in den VW Bus. Nachdem wir einige Sachen im Auto hatten, fuhren wir gleich los, weil ich meine Eltern nicht sehen wollte. Wir fuhren noch etwas einkaufen für die Fahrt zu Trinken und gingen noch etwas essen und Kaffee trinken. Es war schon ziemlich dunkel, ich schlug vor, dass wir im Wald übernachten und Morgenfrüh zurückfahren da konnten auch die Hunde Gassi gehen. Der Wald war in der Nähe am Haus meiner Eltern da konnte man auf einem Betonweg gut rein fahren und suchten uns einen abgelegenen Waldplatz, wo Harro den VW Bus geparkt hat. Dann haben wir Hazel und Susanne raus gelassen mit Futter und Wasser versorgt wir waren müde haben uns im VW Bus schlafen gelegt. Am Morgen nachdem die Hunde draußen waren, sind wir gleich losgefahren, wir waren niemand aufgefallen. Auf der Heimfahrt haben wir noch an der Autobahn gehalten und Kaffee getrunken im Auto haben wir Kekse gegessen während der Fahrt. Es dauerte bis späten Mittag bis wir daheim waren erst fuhr Harro zu mir, half mir alles abzuladen und mit Fahrstuhl in meine Wohnung zu bringen. Es waren viele Müllsäcke voll Klamotten, Bettwäsche Radiorecorder mit Kassetten mit Musik einen Teewagen ein Tablett und noch mehr Sachen. Aber keine Möbel wir machten danach eine Kaffeepause Harro meinte dass er den VW Bus zurückbringen müsste zu seiner WG und ich habe mich bedankt, weil er mir geholfen hat und für heute von ihm verabschiedet. Ich hatte noch genug zu tun, endlich konnte ich Musik hören, einiges auszuräumen, ein bisschen Geschirr stellte ich auf dem Teewagen und essen konnte ich erst mal auf dem Tablett. So hatte ich jetzt erst mal eine Wohnung und meine Leben auf der Straße war zu Ende. Harro wollte mit mir nach Frankreich in Urlaub fahren und mich einladen. aber ich konnte hier nicht so schnell weg. Harro und ich sahen uns noch ein paarmal, aber unsere Beziehung ging immer weiter auseinander. Eines Tages fehlte einer von Susannes Welpen. Harro meinte nur, den hat wohl einer mitgenommen, so wenig interessierte sich Harro für die Jungen von seiner Hündin Susanne. Es würde noch endlos weitergehen, aber ich will an der Stelle aufhören weiter zu schreiben, weil es mir in erster Linie um unser Überleben auf der Straße geht. Jetzt habe ich ja eine feste Wohnung und meine Gelder zum Überleben.

Die Autorin

Cathy Hase hatte in ihrem Leben viele Berufe. Von Pflegetätigkeiten über die Arbeit in Tierheimen bis hin zur Gebäudereinigung war alles dabei. Leider musste sie auch erfahren, wie es ist, als Arbeitslose von der Sozialhilfe zu leben.
Hase hat zwei Söhne, mit denen heute kein Kontakt mehr besteht.
Die Autorin, die einen Lebensgefährten hat, lebt in einem alten Haus in Herdorf, das sie sich mit vier Kaninchen teilt.
Dies ist Cathy Hases erste Veröffentlichung.

novum VERLAG FÜR NEUAUTOREN

Der Verlag

*Wer aufhört
besser zu werden,
hat aufgehört
gut zu sein!*

Basierend auf diesem Motto ist es dem novum Verlag ein Anliegen, neue Manuskripte aufzuspüren, zu veröffentlichen und deren Autoren langfristig zu fördern. Mittlerweile gilt der 1997 gegründete und mehrfach prämierte Verlag als Spezialist für Neuautoren in Deutschland, Österreich und der Schweiz.

Für jedes neue Manuskript wird innerhalb weniger Wochen eine kostenfreie, unverbindliche Lektorats-Prüfung erstellt.

Weitere Informationen zum Verlag und seinen Büchern finden Sie im Internet unter:

www.novumverlag.com